岭南好风尚丛书

岭南乡规

顾作义　主编

南方日报出版社
NANFANG DAILY PRESS
中国·广州

图书在版编目（CIP）数据

岭南乡规 / 顾作义主编. — 广州 : 南方日报出版社, 2017.8
（岭南好风尚丛书）
ISBN 978-7-5491-1628-7

Ⅰ. ①岭… Ⅱ. ①顾… Ⅲ. ①农村－精神文明建设－广东 Ⅳ. ①D422.62

中国版本图书馆 CIP 数据核字(2017)第 162002 号

LINGNAN XIANGGUI
岭南乡规

主　　编：顾作义
出版发行：南方日报出版社
地　　址：广州市广州大道中 289 号
出 版 人：周洪威
出版统筹：周山丹
责任编辑：阮清钰
实习编辑：梁　慧　黄子旸
封面设计：肖晓文
责任技编：王　兰
责任校对：阮昌汉
经　　销：全国新华书店
印　　刷：广东信源彩色印务有限公司
开　　本：787mm×1094mm　1/16
印　　张：14.25
字　　数：225 千字
版　　次：2017 年 8 月第 1 版
印　　次：2018 年 4 月第 2 次印刷
定　　价：45.00 元

投稿热线：（020）87373998-8503　读者热线：（020）87373998-8502
网址：http://www.nanfangdaily.com.cn/press　http://www.southcn.com/ebook

前言

习近平总书记指出：“一种价值观要真正发挥作用，必须融入社会生活，让人们在实践中感知它、领悟它。要注意把我们所提倡的与人们日常生活紧密联系起来，在落细、落小、落实上下功夫。要按照社会主义核心价值观的基本要求，健全各行各业规章制度，完善市民公约、乡规民约、学生守则等行为准则，使社会主义核心价值观成为人们日常工作生活的基本遵循。”

“朝则有律法，乡则有规条”，“乡有约，约有规”。我国的乡规民约传统源远流长。自古以来，乡规民约就是一方百姓自我管理、自我教育、自我约束的有效形式和行为规范，如今更是推行村民自治、创新乡村治理的有效载体，也是践行社会主义核心价值观、建设美丽乡村的生动体现。

广东有着丰富的乡规民约文化资源，尤其明代以来，许多南粤先贤积极参与到乡规民约的制定和推广中。心学大家湛若水曾参与《沙堤乡约》的发起制定，岭南大学者黄佐还专门撰写了《泰泉乡礼》一书。学人、士绅、仕宦的广泛参与和倡行，使得岭南的诸多乡规具有良好的道德示范和文化底蕴。时至今日，乡规民约遍及广东乡村、城镇社区，一时蔚为大观。为此，我们搜集整理了广东各地的乡规民约，纂成《岭南乡规》一书，以期在新型城镇化的背景下，让乡规民约为法治造血，共同促进“全面依法治国”，为广东美丽乡村、特色小镇建设提供较好的文化滋养和精神助力；让广大读者能够观照己身、依法遵规，加强道德修养和公德意识。

这里简单说明一下编选情况：

一、本书所谓“乡规”是一个较宽泛的概念，既有乡村规约，也有族训家规，还有一部分城镇社区公约，以此或可见当前日益推进的城镇化进程。

二、本书共选录89篇乡规民约，其中古代规约40篇，现代公约49篇，包括了广东21个地级以上市。

三、在古代规约编选上，主要选择具有道德示范意义的规约、训示等，包括和睦乡里、崇文好义、禁赌戒奢、敦朴倡孝等优良道德传统以及公德意识、乡风民俗、土地管理等方面的内容。对一些规约适当做了删减，以期因应社会新风和道德修养要求。

四、古代规约多为浅近文言写就，故不另注释或白话翻译，仅在其后做简短说明或要点提示以及延伸阅读等。

五、现代公约所选录的乡规民约主要从各地市委宣传部、市文明办推送的材料中进行筛选。主要选择较有地方特色、文化底蕴和道德示范效用的乡规，以及乡村精神文明建设开展较为突出者。

六、现代公约主要按照乡村（社区）概况、乡规民约（社区公约）、文明风尚等栏目进行编写。有些乡村材料较少，只能从缺或不予选录。

七、本书所录乡规民约或因法律、政策、篇幅等略有删减，仅供学习参考，不作为各村现行乡规民约的依据。

鉴于编者识见和时间有限，挂一漏万处，敬请方家、学者指正。

编　者

2017年6月

目录

上卷　古代规约

下卷　现代公约

云浮市

上卷

古代规约

泰泉乡礼·乡约

凡乡之约四：一曰德业相劝，二曰过失相规，三曰礼俗相交，四曰患难相恤。

众推一人有齿德者为约正，有学行者二人副之。约中月轮一人为直月，约正、副不与直月之数。约正总理期会告谕，约副赞相礼仪，辅佐约正，直月掌走报干办。

置三籍，凡愿入约者书于一籍，德业可观者书于一籍，过失可规者书于一籍。直月掌之，月终则以告于约正而授于其次。

德业相劝

德谓孝于父母、友于兄弟，肃于闺门、和于亲党，言必忠信、行必笃敬，见善必行、闻过必改之类。

业谓读书治田、营家济物、兴利除害、居官举职，凡明伦敬身者皆是。如礼乐射御书数之类，皆可为之。非此之类，皆为无益。

右件德业，同约之人各自进修，互相劝勉。会集之日，相举其能者书于籍，以警励其不能者。

过失相规

过失谓犯义之过六，犯约之过四，不修之过五。

犯义之过

一曰酗博斗讼。酗谓纵酒喧竞。博谓赌博财物。斗谓斗殴骂詈。讼谓告人罪恶，意在害人，诬赖争诉，得已不已者。若事干负累及为人侵损而诉之者，非。

二曰行止逾违。逾礼违法众恶皆是。

三曰行不恭逊。侮慢齿德者，持人长短者，恃强凌人者，知过不改、闻谏愈甚者。

四曰言不忠信。为人谋事，陷人于恶。或与人要约，退即背之。或妄说事端，荧惑众听者。

五曰造言诬毁。诬人过恶，以无为有，以小为大，面是背非。或作嘲咏匿名文书，及发扬人之隐无状可求，及喜谈人之旧过者。

六曰营私太甚。与人交易伤于掊克者，专务进取不恤余事者，无故而好干求假贷者，受人寄托而有所欺者。

犯约之过

一曰德业不相劝，二曰过失不相规，三曰礼俗不相交，四曰患难不相恤。

不修之过

一曰交非其人。所交不限士庶，但凶恶及游惰无行、众所不齿者而已。朝夕与之游处，则为非其人。若不得已而暂往还者，非。

二曰游戏怠惰。游谓无故出入及谒见人上务闲适者，戏笑无度及意在侵侮，或驰马击鞠与虽不赌财物而铺牌演戏、弈棋双陆、玩弄骨董、雅好弹唱、广收花石、猎养禽鸟作诸无益者。怠惰谓不修事业，及家事不治、门庭不洁者。

三曰动作无仪。谓进退太疏野及不恭者，不当言而言及当言而不言者，衣冠太华饰及全不完整者，不衣冠而入街市者。

四曰临事不恪。主事废亡，期会后时，临事怠惰者。

五曰用度不节。谓不计家之有无过为侈费者，不能安贫而非道营求者。

右件过失，同约之人各自省察，互相规戒。小则密规之，大则众戒之。不听，则会集之日，直月以告于约正。约正以义理诲谕之。谢过请改，则书于籍以俟。三犯，则行罚。其争辩不服与终不能改者，皆听其出约。

礼俗相交

礼俗之交，一曰尊幼辈行，二曰造请拜揖，三曰请召送迎，四曰庆吊赠遗。

请召迎送（凡四条）

一曰凡请尊长饮食，亲往投书，诺则拜之，辞则止。既许赴，至日黎明，复遣子弟迎之。既至，明日亲往拜辱。若专召他客，则不可兼召尊长。如礼薄，则不必书。召敌者，以书简，明日交使相谢。召少者，以书列客目，明日客亲往谢主人。赴尊长召，若有众客，则约之同往。始见，则拜其见召。主人辞则止。明日人亲拜。若主人预辞，则书简谢之，非专召不拜。赴敌者召，始见，则揖谢之，明日具名帖谢之。赴少者召，始见，以言谢之，明日传言致谢。

二曰凡聚会，皆乡人，则坐以齿，非士类则否。若有亲，则别序。若有他客，有爵者则坐以爵，不相仿者犹以齿。若有异爵，虽乡人，亦不以齿。异爵谓命士大夫以上及京堂官皆是，虽乡人，不敢与之序齿，以尊贵故也。若主人之族有异爵属卑幼者，亦勿与席，或别席以礼之。

若特请召，或迎劳出饯，皆以专召者为上客，余为众宾，坐如常仪。如婚礼，则姻家为上客。皆不以齿爵为序。凡一命齿于乡，再命齿于族，三命而不齿。惟祭毕而燕，虽有三命，不逾父兄，古礼也。非专召，毋及异爵，以全尊尊之义。

三曰凡燕集，初坐，别设卓子于两楹间，置酒杯于其上。主人降席，立于卓东，西向。上客亦降席，立于卓西，东向。主人取杯，亲洗。上客辞。主人洗毕，置杯桌子上，亲执注，酌酒以注，授执事者，相揖再让。客西向，主人东向，遂执杯以献上客。上客受之。复注酒以让主人。主人复举杯献客，客受之，置桌子上，再拜，兴，取酒，东向跪祭。兴，遍告饮于同席者，遂饮。以杯授赞者，遂拜。主人答拜。若少者以下为客，则主人举酒先祭，饮毕而拜，主人受之。若上客，先不拜而饮，主人勿强，此谓从俗。

上客酢主人，如前仪。主人乃献众宾。命赞者取众宾酒杯一一亲洗之。众宾合词以辞。主人执注酌酒，以次献众宾。众宾各受杯以授赞者，各置于席前。若主人是尊长，则众宾固辞洗及执注。赞者酌酒旅揖，自置于席前。若是少者以下，皆揖而跪饮，主人止之，则立饮。饮遍，乃就坐。若众宾中有齿爵特异者，则特献如上客之仪，不酢。

若婚会，姻家为上客，则虽少，亦答其拜。

以上礼兼酌古今而行之，如俗所谓三宝杯诸类，皆宜革去。

四曰凡有远出远归者，则送迎之，少者、幼者不过五里，敌者不过三里。各期会于一处，拜揖如礼。有饮食，则就饮食之。少者以下，俟其既归，又至其家省之。

患难相恤

患难之事

一曰水火。小则使人救之，甚则亲往，多率人救且吊之。

二曰盗贼。近者同力追捕，有力者为告之官司。其家贫，则为之助出募赏。

三曰疾病。小则遣人问之，甚则为访医药，贫则助其养疾之费。

四曰死丧。阙人则助其干办，乏财则赙赠借贷。

五曰孤弱。孤遗无依者，若能自赡，则为区处，稽其出纳，或闻于官司，或择人教之，及为之求婚姻。贫者协力济之，无令失所。若有侵欺之者，众人力为之办理。若稍长而放逸不检，亦防察约束之，毋令陷于不义。

六曰诬枉。有为人诬枉过恶不能自申者，势可以闻于官府，则为言之。有方略可以救解，则为解之。或其家困而失所者，众共以财济之。

七曰贫乏。有安贫守分而生计大不足者，众以财济之，或为之假贷置产，以岁月偿之。

右患难相恤之事。凡有当救恤者，其家告于约长。急则同约之近者为之告。约正命直月遍告之，且为之纠集而程督之。凡同约者，财物器用、车马人仆皆有无相假。若不急之用及有所妨者，则不必借。可借而不借，及逾期不还，及损坏借物者，论如犯约之过，书于籍。邻里或有缓急，虽非同约，而先闻知者亦当救助。或不能救助，则为之告于同约而谋之。有能如此者，则亦书其善于籍，以告乡人。

以上四条，本出朱子损益《蓝田吕氏乡约》。今取琼山邱氏《仪节》以通于今，而又为约仪如左方。

凡预约者，月朔皆会。朔日有故，则前期三日别定一日。直月报会者。将会，则先一日洒扫里社，设香案，立戒谕牌于其上。若春秋二仲月，改用祭社日，以便行礼。或社未建，设先圣神位于乡校正堂，以便行礼。

直月率钱具食，入约人众，每一人不过一十文；人少则随宜增之，毋过五十文。孟月朔具果酒三行，饭食一会。余月则去酒果。或直设饭，或米粉面食亦可。

会日，夙兴，约正、约副、直月先率宗族，皆衣冠俟于乡校。同约者如其服而至。有故，则先一日使人告于直月。同约之家子弟及在乡校童生虽未能入籍，亦许随众序拜。未能序拜，亦许侍立观礼，但不与饮食之会。或别率钱略设点心别处。

里社鸣鼓三通，约众既集，以齿为序，立于门外，东向，北上。约正以下西向，南上。教读不与。约正与齿最尊者正相向揖迎入门，至庭中，北面皆再拜行礼。以约正与约副、直月三人列于左，以次而东。约众尊者、长者列于右，以次而西。少者、幼者从尊者、长者之后。社祝立于香案之东，赞：鞠躬；拜，兴；拜，兴；平身。约正升堂上香，降，与在位者皆再拜。社祝赞：诣香案前。约正升自阼阶上香，降。赞：鞠躬；拜，兴；拜，兴；平身。

乃誓于神。社祝抗声以誓，约正以下皆跪听应命。毕，皆再拜，乃出。社祝扬言曰：约正某等敢率同约者誓于里社之神，自今以后，凡我同约之人，只奉戒谕，孝顺父母，尊敬长上，和睦乡里，教训子孙，各安生理，毋作非为。遵行四礼，毋背乡约，齐心合德，同归于善。若有二三其心、阳善阴恶者，神明诛殛。众答曰：若有二三其心、阳善阴恶者，神明诛殛。社祝赞：俯伏，兴；拜，兴；拜，兴；平身。

诣乡校，俟于外次。约正以下皆东向立，教读出迎，西向立，与约正三揖。约正以下三让，乃入。教读、约正三揖，三让，升堂。同约者皆从之。教读升自阼阶，约正以下及同约者升自西阶。若无里社，则教读迎入，誓于先圣，如前仪。

皆北面立。约正揖教读，东上，南面立。教读就位。皆再拜。教读立于位，约正少进，西向立。约副、直月、社祝次其右，少退。直月引尊者东向南上，长者西向南上。

皆以约正之年推之，后仿此。西向者，其位在约正之右少进。余人如故。若乡校正堂设神位，则以北面为尊。序次如前仪。

约正再拜。凡在位者皆再拜。此拜尊者，社祝不必赞礼。后仿此。

尊者受礼如仪。惟以约正之年为受礼之节。若约正是尊者，则长者以下皆如少者仪，可以类推。

退北壁下，南面东上立。直月引长者东面，如初礼，退则立于尊者之西，东上。此拜长者。拜时惟尊者不拜。

直月又引稍长者东向南上，约正与在位者皆再拜。稍长者答拜，退立于西序，东向，北上。此拜稍长者。拜时尊者、长者不拜。

直月又引稍少者东面北上，拜约正。约正答之。稍少者退立于稍长者之南，直月以次引少者东北向，西北上，拜约正。约正受礼如仪。拜者复位。又引幼者，亦如之。既毕，揖，各就次。同列来讲礼者，拜于西序，如初。

以上礼，若冬日晷短，或从简便，惟东西序齿，相向再拜。

顷之，约正揖就坐。教读正坐，稍东南向。约正坐堂东南向。约中年最尊者坐堂西南向。约副、直月次约正之东南向，西上。社祝次之。余人以齿为序，东西相向，以北为上。若有异爵者，则坐于尊者之西南向，东上。若乡校正堂设神位，则以南为上。异爵者东北向，西上。

直月抗声读约一过，教读推说其意。未达者，许其质问。于是约中有善者，众推之；有过者，直月纠之。约正询其实状于众，无异辞，乃命直月书之。能行四礼者，亦附于善籍。违者附于过籍。

直月遂读记善籍曰：某能为某善，能改某过，能行四礼。使人人若此，风俗焉有不厚？凡我同约，当取以为法。或能使其族人为某善，改某过，行四礼，则易其辞。

善者兴，直月亦兴，揖善者。善者对曰：某实无所有，乃劳过奖，敢不加勉！约正帅同约者北面序立，再拜。善者退居末位，答拜。或酌酒，则先善者。善者向尊、长三让，乃饮。

复位。命执事者以记过籍遍呈在坐，各默观一过，三犯不改，待他日誓于里社，鸣鼓罚之，毋得辄扬其过。过者不服，听其出籍。有大恶，则言于有司惩之。

既毕，乃食。食毕，少休，复会于堂上。鸣讲鼓说书，若歌诗，或习礼射。皆以钟鼓为节。教读说书一章，或讲切要故事，皆鸣鼓三声。若童生歌诗习冠昏祭三礼，及习乡射礼，皆钟以宣之，鼓以节之，以耸众观听。

讲论从容书丹而退。讲论须有益之事，毋得喧竞失仪，言非所宜言，及扬人过恶。违者，直月纠而书之。事既毕，于入约籍中姓名各押字于其下，谓之书丹。书丹毕，教读送至大门之外，揖让而退。

凡约正、约副正本如士大夫立教、明伦、敬身，以为乡人取法。出入道路，见者拱立，避路致敬，毋得狎侮凌犯，违者直月纠而书之。若能化行一乡，有司延至后堂，待以殊礼，为特设位，帅各乡约正、约副拜之。仍用花红羊酒旌奖，遇例先给与冠带。

【说明】

《泰泉乡礼·乡约》节选自黄佐《泰泉乡礼》。黄佐（1490—1566），广东香山（今中山）人，字才伯，号希斋，晚号泰泉。正德十六年（1521 年）辛巳科进士，廷试选庶吉士。嘉靖初由庶吉士授翰林院编修。以翰林外调，历江西佥事、广西学政。晚年谒哲学家王守仁，得其称赞，后弃官归养，筑室于禺山之阳，潜心研习孔孟之道。

黄佐像

《泰泉乡礼》系其晚年在广州时所著礼仪专著，凡六卷。该书参照朱子家礼，陆氏家训，吕氏宗法，白沙陈氏、宁都丁氏及义门郑氏家范，琼山丘氏仪节等立教以家为基的范本编成，共六卷，首举乡礼纲领，以立教、明伦、敬身为主，冠婚以下四礼为次；然后举乡约、乡校、社仓、乡社、保甲等五事，末以士相见礼及投壶礼为一卷附之。正如日本学者井上徹所说，《泰泉乡礼》是黄佐等士大夫的修齐治平政治理念，也是宋以后以济世安民为己任的儒者对“礼不下庶人”原则的反动。他们认为礼宜普及于乡人，不以缙绅为限。为了让庶人了解礼，故须简化其内容，乡礼的编撰目的即在此。所谓礼或仪节，就是正确的行为习惯，其对庶民的教化力量可能更强于抽象的正统意识形态的向下灌输，故致力于与庶民沟通的明代士大夫常强调礼的普及。

《泰泉乡礼》成书后，人们称为“医世良药”，尤为广东所重。当时的广东左布政使徐乾曾让书坊刻印通行，其后番禺、南海、新会等县的士绅以“乡礼兴而盗贼息，教化行风俗厚”，再请有司批准推广《泰泉乡礼》，“严立乡约、乡校、社仓等”，“各家置取乡礼书一部”，因此，《泰泉乡礼》遍发所属州县，每个乡里各给一部，使之家喻户晓。

广州市

海珠区龙导尾清光绪禁赌碑文

钦加同知衔、署番禺县事、候补县正堂、加十级、纪录十次冯　为出示晓谕事。案照查封河南龙尾导松树基赌地一段，当经饬匠估价示召承领去后。兹□河南龙尾导乡绅耆老等禀称，伊等村内松树基街有旧赌地共二十一井，先后□□□诡名□领后，将南便之地用砖堵截，仅留北便地约一丈余，并在西便□□之地依旧多开番摊，经伊等投集南洲局绅迭次禀奉委员，先后将该地二十一井一□□封又□伊等禀蒙批准承领各在案。缘截留北便开摊之地深一丈一尺□三□二□□□臬宪加封禁绝。伊等禀奉前臬宪准予给照承领亦在案，其截留南便□封之地，兹奉示召派领等因，□等深恐该赌□诡名□领，复萌故智，贻害地方，（集众）公议领□通乡医灵庙以作当□承□□□□时该赌地投封给照营筑，并出示晓谕□□前来。除将缴到价□兑收充公并饬□□□给照管业，并出示晓谕。为此示谕军民人等知悉。尔等须知该地□龙尾导乡绅耆等□□承领，永作医灵庙尝业□后，别人毋得妄生觊觎，致干□□，各宜凛遵，毋违。特示。

光绪七年二月二十八日

龙导尾清光绪禁赌碑

【说明】

2013 年 2 月 23 日，一直致力挖掘广州人文地理历史的“河南地小组”在海珠区龙导尾地区龙导新街附近发现一块铺路石板。经辨析，这是一块清朝光绪七年（1881 年）署番禺知县出示的查封赌场石碑，遂定名为《查封龙导尾赌地并改作庙尝告示碑》。碑文全文为 384 字，其中未认出的 46 字，释读率为 88%。目前所查阅的《番禺县续志》《广州碑刻集》《广州市海珠区志》等资料均不见著录。

石碑大意为：光绪七年番禺县知县冯姓出具告示，龙尾导松树基地方有赌地 21 井，赌徒采用“诡名”冒领办法，在赌地西面开设番摊（指赌博）。经当地乡绅耆老禀报南洲局（地方自治组织）转禀广东按察使查封。为防止赌博死灰复燃，经地方绅士申请，将查封的赌地由龙尾导医灵庙承领，作为“庙尝”（寺庙的产业）。

书画名家麦汉兴介绍，医灵庙不是普通庙宇，而是整个龙导尾的“祖庙”，担负着整合全乡自我认同的功能。广州城区和城乡之间的社区，为了本社区内部的事务经常会“集庙议事”；作为通乡共同的祖庙，官府将查封的赌地拨给医灵庙作为“庙尝”（可收租的资产），由庙宇加以管理，既可防范赌博死灰复燃，也可增加庙宇办理公益事业的能力，可谓一举两得。

天河区猎德村李氏祠堂规约

寝庙既成，明德兴焉。于移列祖，顾盼粱盛。窥觐左右，赫赫明明。绳模祖武，克振家声。荡规超矩，何愧几惺。勖哉风嗣，夙夜屏营。

——禁安放农具，风晒堆谷；

——禁藏毬武艺，污秽墙壁；

——禁修整竹木，造作各器；

——禁私贩杂项，接歇闲人；

——禁开场聚赌，窝藏匪类；

——禁借祠台凳，建醮铺场。

以上除祭招、延师读书、婚娶宴客等，即时封锁。各项条例，俟要遵行。违者革胙，不得徇情。如有悖强抗拒者，定送官究治。

乾隆十四年正月初九戊午日立。家庙坐丁向癸兼子午之分，敬请熹公梁先生于前十七年择地卜叶，十五日寅时弼进。

白云区南村乡规禁约

——例在乡内地段开场聚赌，大者每名罚四十两；其余细小赌博每名罚银十两。正该值年保老、各坊八解，须严为诫饬。如有敢犯禁例者，聚众集庙，指名行罚，赏花红银二元。倘有隐瞒，鞋金免收。

——例开场聚赌，无论输者赢者，俱照例罚。其赢者或勒写欠契，集众查确，分文不许偿还，此契视为废纸。倘敢恃强追索，阖乡绅耆即要联名送官究治。

——例私放赌账，勒写欠契，集众查确，诸父兄肯将自己子侄先行通乡游刑，此契即要交出，分文不许偿还。作中人者，罚银十两。私放赌账者敢违抗不遵，罚银二十两正。

——例忤逆父母，殴打尊长，玷辱贤主，一经投明查确，即将不肖子侄先行通乡游刑，倘再横抗，阖乡绅耆即要联名送官究治。

——例各家生揭银两，如有恃强恃众，私写偿田及房内兄弟田产，一经投明，银主不得将当田产讨偿，惟向经手是问。虽有揭契，视为废纸，另罚冒写银五大元，作中人者，罚银四大元。

另有例拟，详列簿内，例在必行，各宜约束。

光绪十七年正月二十六日

八角庙阖乡立

【说明】

该禁约曾立牌告示，立于白云区龙归镇南村八角古庙内，主要列举该村开场禁赌、忤逆、揭银等事宜，尤其是对于聚赌一事，有三条特别予以说明。盖该村当时赌博之风或盛行，故不厌其烦，特别说明。

白云区钟落潭镇棉洋联寨严示禁碑文

禁穿墙盗牛猪犬鸡鸭等项。

禁窝盗分赃。

禁私接贼脏。

禁盗刈田禾。

禁盗贼入乡。

禁毒害牛猪犬。

禁偷瓜害薯小菜。

禁开场聚赌。

禁采茶入乡。

禁烂徒持凶。

禁藏匿奸匪。

禁乡中图赖索诈。

禁外乡匪类烂徒恃强招摇撞骗。

禁挟嫌妒害。

禁倚强欺弱，倚众欺寡。

禁盗砍风围山林竹木。

禁乞丐游民伙群入乡，扛尸图赖吓骗。

禁麻风花子乞食图赖。

嘉庆八年

花都区杨村乡规训示

吾家自宋迄明，信居二十余代，承平日久，族类繁滋。睹其野而耕凿之景熙然；入其乡而弦育之声不辍。家淳俗朴，庶几古无怀风焉。顷因贼王钟国让劫掠乡村，掳捉族人，控两台枭之藁街。贼弟钟国相恨报兄仇，师事李三觉，构党数千，以崇祯四年春围攻本乡。上赖祖宗在天之灵，下赖子姓同仇之力，外借孙爷解援之师，用能脱险而夷，转危而安。《颂德》一碑，言之不啻说矣，兹不具论。其修战之具，捍御之方，及夫箕裘素业，可为子孙世守者。夫以贼势蜂屯，入围旷日，喑呜而杀气朝昏，叱咤而阵云昼卷，令他族当之，何异发蒙振落？而吾家卒幸无虞，斯何以故？则以吾家前瞰长流，贼之铳弩不能加。而我之铳石一发，而贼辍多所中伤，死亡相藉。墙内四周，通衢往来，贼或东击，我则并力而东，贼或西击，我则并力而西。贼虽多而不能为也。且边各门多设巨铳，以备攻击，贼之天车虽巧，不能进而突击也。而借是以免于难，谓非先公贻谋之有道耶！

追维嘉靖，岁在甲子，唐亚六、万尚钦之徒，聚党流劫，不减今日之国相也。吾乡虽不与其难，而一时运敌设策多达人。其忧深，其虑远，以故沟则浚而深，垒则筑而固，铳炮之类，则饬而周。人知当日之为唐、万谋，而不知当日之豫为钟、李谋也。今特踵而修之，因而用之耳。先公真神人哉！乃其本，尤在于人和。假令被围时，而非吾乡骨肉一家，同心御侮，虽掉苏、张之舌不能间，产晋阳之蛙不能携，亦安能坚壁以待援师之至，而再睹天日乎？

前艰既远，后虑宜周。为高之后者，务期你慈子教，兄友弟恭。雍雍乎礼义相先，肫肫乎廉耻相励。毋或非为，以伤雅俗。庶几誉□成风，英豪济美。下光厥考，上光厥宗。即与天壤同久，无穷极可也。其壕四周皆广一丈六尺，深一丈有奇；墙内周围皆广一丈，可通车舆。铳则生铁者一十五门，围皆一尺五寸；熟铁者二十五门，围皆一尺一寸。至若更铃之设，专备非常司更轮支巡递，从昏达旦。列祖尝租，岁时奉祀，上供朝廷税额，下给予侄灯油。列祖松山，宅兆资其荫庇，居场赖其拥卫。祭籍所书，典册所载，班班可考，尤吾家命脉系焉。凡我子孙，毋以田地近壕而涎利逼侵，毋以屋近基墙而架连阻塞，毋以铳属家藏而私自盗卖，毋以铃稍宁靖而失误不传，毋以祖业颇饶而轻言变伐，阴谋利己。有一于此，众共殛之。著为令。

崇祯四年仲夏吉旦，高林盛高广等众子孙同立

花都区螺湖村阖乡公议各款规条

谨将阖乡公议各款规条勒石，以垂炯戒。

——凡属我乡该管理地方，永不许设开烟馆与私卖洋烟。如有等弊，被他人执烟为证，或携同保老看验属实，均议罚银一十两。倘分属绅士地保，议罚加倍。其执烟为证与携同保老看验之人，即赏银五两正。

——凡属我乡访管地方，永不许开设番摊、白鸽票、纸牌、骨掷色，及一切大小赌博。如有等弊，被他人携同保老看验属实，议罚银一十两。其携同保老看验之人，即赏花红五两正。

——凡乡人，如有贼匪接赃，勾生引熟偷窃，查出罚银四十两正。

——凡更练捕获贼匪，得钱卖放，一经查出，罚银二十两正。以上两款，报信者均赏花红银一半。

——凡各社值年更练及□示会，借名捕盗，暗行鼠窃，无论当堂被捉，与事后查出，均罚银四十大元。

——凡乡人，如有鼠窃家中衣饰与乡内塘鱼、耕牛、犬、豕，无论日夜捉获，均罚银四十两。

——凡乡人，如有鼠窃犁、钯、水车及一切耕田器具，无论日夜捉获，均罚银七两六钱正。

——凡乡人，如有鼠窃田中稻、麦、茨、芋、芝麻、黄豆、瓜菜各物，夜间捉获罚银一十大元；日间捉获，罚银五大元。若未成丁者，罚银一大元。以上所得罚银两，系大庙、失主、捉获者，三份均占。

——凡以上罚例银两，务必即交出。如交不出，先出乡例银五两正，余即向崇寿堂兑分准足。

以上花红银两，俱由大庙给与。

以上规条，例在必行。

凡我乡人，各宜自重。

再，松园内，倘敢采割、牧牛，罚银两六钱。

光绪十一年　月　日阖乡仝立

花都区炭步镇明代黄皞家规

孝专宜敦，乡党宜睦。
礼让宜明，廉耻宜正。
习读宜勤，农桑宜重。
节俭宜崇，非为宜戒。

【说明】

花都区炭步镇人杰地灵，人才辈出，塱头古村曾孕育了黄皞、黄彦高等一批杰出先贤。2014 年又被国家评为中国历史文化名村。为弘扬传统廉政文化，擦亮岭南塱头古村这张历史名片，花都区纪委深入挖掘炭步镇塱头古村廉吏文化元素，打造了花都区塱头廉洁文化主题公园。

乡贤黄皞（1440—1522），字时雍，号栎坡，明代成化元年（1465年）科举中进士，正德年间，任云南左参政。时值云南大饥，民不聊生，

乡贤栎坡公祠

乡贤故里牌匾

黄皞急民所急，不及奏请朝廷而自行开仓赈灾，故而忤牾权贵，以贪污舞弊之罪而被黜职遣返。后查实澄清而复职加官，人称“铁汉公”。家规严谨，教子有方，7 个儿子 5 个考取功名（黄学裘为进士，黄学矩为举人，黄学龄为举人，黄学准为进士，黄延年为解元），又与五子黄学准同为乡贤，乡里有“七子五登科，父子两乡贤”之说。①

塱头古村村民谦和而质朴，传递着耕读传家、修身立德的文化气息，古村内有“六景”。

1. 方正之基。主题雕塑，寓意为人方正，刚正不阿是做人之本，为官之基，显“清正在德”“勤以修身”主旨精神。

2. 砖雕。古建筑传统工艺砖雕设计的入口小品，上有“养廉惟俭”

---

① 黄皞父亲黄彦高是乡村秀才，由于勤奋乐善、为人正直，深得乡里各界好评，特别他教子有方的事迹更是名声在外，被皇帝赐封为奉直大夫吏部员外郎。黄皞的母亲钟金娥是一个典型的贤妻良母，勤于耕织，持家有道。她为黄家生了四个男孩，黄皞是长子。黄彦高家教十分严格，他教育子女以重孝讲礼为先，其次是勤奋好学、勤俭持家、有远大的胸怀和美好的向往。作为长子，黄皞从小就十分懂事，平时除了照顾好弟弟们的生活和学习外，还经常抽时间为父母做些力所能及的家务事，为父母分忧。弟弟们也很听父母和长兄的教导，个个谦仁有礼，从不与人争吵或打架。全家老少一团和气，深得乡亲的赞扬。黄皞一直以清白教诸子，以和睦族训训宗人。

“慎终如始”“明礼守信”等八组箴言字刻。

3. 景墙。广府墙设计，寓意清正廉洁，做人一青二白。

4. 连廊。“灰塑”工艺在连廊的挂落处刻画“莲”“兰”等寓意高洁的彩塑画卷，选取廉洁楹联诗句刻于廊柱。

5. 廉政长廊。此处通过景石、石刻等形式，展示“铁汉公”黄皞开仓赈灾、捐建青云桥等广为流传的故事，以黄皞勤政为民、刚正不阿、清正廉明、造福百姓的品行，激励教育后人。

6. 荷塘清影。从廉政长廊沿绿道步行，可观莲赏花，望祠堂及书室全景，此处以“莲”寓“廉”，以景点题，突出“爱廉”的意境，与对岸书室遥相呼应，于此可感受塱头古村一直承袭下来的尊师重教，处处见书院、家家闻书声的优良传统。

番禺区沙湾镇白鸽票花会公禁碑

白鸽票花会屡奉宪禁，乡内倘有胆敢故犯及改换名目仍行开设等弊，除查封房屋变价充尝外，一并究办容留之人。有能拿获开字棍徒到局者，赏花红银一百两。将其人送官究治，决不姑宽。特此勒石，永远为例。

同治十年十二月廿二日　仁让局公禁

【说明】

此碑文是同治十年（1871 年）仁让公局的一则禁赌告示，反映了仁让公局管理地方社会风俗方面的职能。在当时，擅自开设白鸽票花会不仅违反乡规民俗，而且违犯法律，所以要禁止。告示称，如有违反，将受到没收财产充公的处罚，这是公局决定即可执行的。但对被拿获的开赌者，仁让公局要“送官究治”，说明公局此时对疑犯有拘捕权，但没有判决权。这与咸丰大动乱时期某些公局在官府默许下有实际上的处决权大不相同，因为此时番禺已比较稳定。

仁让公局的三方石碑

仁让公局在沙湾古镇安宁市中街偏东，有200年历史，是目前番禺及周边地区仅存，而又保留着本来面目的一间乡公所旧址。该建筑原是沙湾古乡黎氏宗族的分支祠堂，名“二唐祠”。清嘉庆十四年（1809年），乡中合何、王、黎、李四姓共建地方自治行政机构——沙湾公局时，以黎汝桥为首的黎姓族绅聚议，一致商定打破俗例，把这坐落于全乡中央，又为乡内人众最为聚集、至为繁盛之市街核心的祠宇无偿捐出，以之作为沙湾乡务及议事之所，使其统领全乡、造福一方。据同治《番禺县志》记载：“仁让公局在沙湾乡，嘉庆十四年由何、黎、王、李等姓同建，前署知县张锡蕃题匾曰：型仁讲让。”从此，“型仁讲让”的横匾一直高悬于局内正堂之上，公局也因此被冠以“仁让”之名。

该公局一直是沙湾全乡最高的权力中心。其时当权者为“保正”，俗称“乡正”，历任按例由占全乡人口之绝大多数的何族公推一人担当，而且必须是取得进士、举人功名且富有声望者方能成为被推举的对象；副职则由次于何姓人口的黎、王二姓分别推选担任。直至民国时期，仁让公局易名为沙湾乡公所，执政者改称为乡长，由乡中公选的大学毕业或国外留学毕业归来者担当，但都是由何姓担任乡长之职。该局执政中，无论大至兴建护乡堡墙、修筑拱卫炮台、督责乡内治安巡防、统辖护沙武装等，小至查处佃户耕牛践踏农田、坟茔，乃至例行禁赌、禁挖蚝壳免毁坏农田等等，事无巨细一力秉公为民。力不能为者则呈交县署裁决。

由该局公示于清同治、光绪年间的有4方“公禁碑”，一块位于局所遗址之内，另外3块位于局所右墙外，内容均为规范乡民的行为、要求保护耕地、禁挖蚝壳、禁止赌博等，并明确了对违反禁令的情况予以处罚，对举报有功人员给予奖励的规定，反映了仁让公局在治理社会风气、管理地方秩序、开展地方防御、维护纲常伦理等方面的职能，是当时仁让公局进行社会管理的佐证，同时也反映了当时对环境资源保护的举措。

（摘自王一娜《广州沙湾仁让公局石碑释读》，《人文岭南》第66期）

番禺区石楼镇大岭乡规禁约

启者：我大岭乡陈许二姓聚族而居，历数百余年，如同一家，相安无异。今为保存土地物业以免他日凋零，合议计划，特出此禁约：

凡我乡内屋宇及圩铺地盘，不得典卖与外乡人。如系折毁，砖瓦木石，亦不能卖出外乡。

村前门口涌一带潮田，不能卖出外乡。倘因穷困，至必要变卖之际，则由乡中太祖或各会公箱集资承受。至于价值，以政府评定之价交回，如卖与本乡人，不在此限。

太祖墓前地段有碍其坟墓者，亦不能卖与外乡人，虽本乡子侄亦不能建筑阻碍等情。

如有不肖子侄私自与外乡人订价变卖者，查出定即革胙出族，罪及儿孙，永不能复胙。如做中人，系我乡人者，亦照此办法。

【说明】

大岭禁约碑

番禺石楼镇大岭村有800年的历史，是典型的岭南古村落，其中包括五处古祠堂、两座古石桥、大型民居、碑刻，古井三泉，众多的门楼庙宇、贞节牌坊等，全村的名胜古迹有18处之多，现保存较完好的岭南风格建筑群约9000平方米，光是挂牌保护的历史保护文物就有十多处。

陈氏大宗祠即柳源堂，大岭陈氏始祖的宗祠，位于大岭村中约，于2001年得到原貌重建。祠堂对出是宽敞的广场，旁有三对由花岗岩白石砌成的旗杆夹石，石上刻有陈氏家族考取功名的记载。自从宋朝开村以来，小小的大岭村，总共考中过1个探花（清代）、34个进士以及53个举人，从村里走出的九品以上官员达100多人。有野史记载，明朝弘治状元伦文叙的母亲就是大岭村的才女。

除旗杆夹石，广场旁竖有“大岭禁约碑”。该碑刻于民国时期，碑体用花岗岩打磨，呈长方形。碑文为阴刻繁体楷书，涂黑油漆，字迹清晰，共立禁约四条，主要是讲大岭村陈、许二姓聚族而居历数百年如同一家，为长期相处，明文规定子弟不得随意变卖村内土地至外族，甚至砖瓦等，维护土地物业以维持宗族稳定。与此相类似的还有《柳源堂公禁》碑，碑文为：“凡有我乡祖山前后左右余地，本族子孙不得借口本房之地出卖及任意开穴，如有违，革胙，例在必行。光绪二十六年柳源堂公禁。”该碑文主要针对族产中的祖山坟地保护的规定，不得出卖及任意开穴，由此维护族绅对本族坟地的控制权。

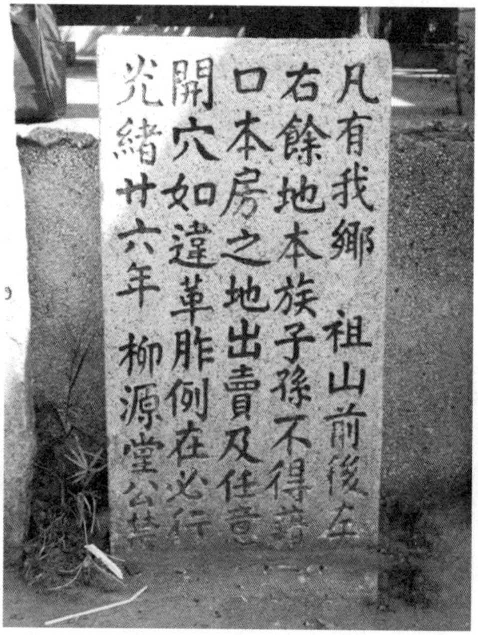

柳源堂公禁

从化区蛟龙围禁赌教孝碑序

积乡村而成州县，积州县而成省郡，积省郡而成国家。然则欲图一国治安，必由一乡治安始，方今朝廷拟行宪政，讲求地方自治，不遗于一乡一村，盖深知乡村为国家权兴也。吾乡聚族而居，不下数十户，朴者为农，秀者力学，岁时伏腊，行乡饮礼，雍雍然有古之遗风。父老起而言曰：吾所期望于乡人者甚殷，即所虑于乡人者信切。忤逆为伤风败俗之首，赌博为倾家荡产之媒，宜立章程，永垂万禁。洲（萧锦洲）聆其言而沉思者久之。窃叹其深爱吾乡人，且于自治之理由隐相符合也。爰为之草定禁约且泐诸石，以期历久咸遵守。抑又闻之江河之始于滥觞，合抱之木始于萌芽。诚由一乡自治而推之州县，推之省郡，则国家治安或者滥觞萌芽于吾乡矣。古人有言“王化起自乡闾”，讵不信欤？爰将章程谨书于后，为乡村自治之基础云。

光绪岁次丁未十一月朔，萧锦洲蓬云氏谨识。

同订章程衿老，两广师范岁贡萧锦瀛。

——议本乡内外男妇老幼不得开场聚赌，无论番摊、纸牌、骨牌、宝宝、三文钱各项名目，一概禁绝。每年自五月二十日起至十二月三十日止向不准开设赌具。

——议公众地方固不得设赌，即各场中亦一律禁绝，如有寓赌之家，准乡中子侄将该寓家瓦面打碎，门扇打烂，以示惩戒。

——议公开选举公正人一名，专任巡查村内赌博之责，每名由公项奉回银二大元作为酬劳，此项公正人一年为一任，期满另行选举。

——议巡查既受责任，则宜日夜梭巡，如遇聚赌者，立即到衿耆值理处指名报知，不得句隐。

——议巡查既指明何人聚赌，如系男子，即由该父母捆送出众。

【说明】

该碑现存从化温泉镇桃园峒龙桥村门楼内。此章程虽系禁赌，但如其前言所说："忤逆为伤风败俗之首，赌博为倾家荡产之媒，宜立章程，永垂万禁。"当是其主旨所在。读者不可不察。

增城区新塘村《沙堤乡约》

主约者副主约者前期旬日，以书躬诣各乡老乡正之家，与约者敬礼请焉，书云：水等议以为古之欲化教其乡里子弟者，必自父老始。盖父老乃弟子之素敬信者也。故礼高年，敬其父老，则其乡邻子弟莫敢不悦服，而信从焉。吾乡故为名乡，而乡里子弟往时或有不循礼法而习不善者，非其性之本然也，盖前此未有教化之道，故往往习于恶，罹于刑而不自知，临时悔之晚矣。吾甚悯焉。今与各方父老立圣训，约定于四仲之望日，会独冈书院，恭读圣训、宣谕各一遍，人人各相诫愉归，各管束其宗族邻里子弟，语以为善之福，为恶之祸，使人人各知保全身家父母妻子。

曰宣圣训。先期设香案朝西北，以待跪听宣圣训，宾主稍坐，待约宾皆至，引礼生引就香案之南，有官爵者以次在前，其余以齿为次就位。盖在朝廷礼宜以爵也，乡宾甚老不能拜跪者，优之避坐于别所。赞者，赞皆跪，赞恭读圣训，乃宣太祖高皇帝圣训，曰孝顺父母，尊敬长上，和睦乡里，教训子孙，各安生理，毋作非为，钦此！赞恭读皇上圣训，乃读皇上宣谕承天府百姓曰：各要为子的尽孝道，为父的教训子孙，长者抚那幼的，幼的敬那长的，勤生理，做好人，依我此言语。钦此！赞众皆叩头，三叩头，赞兴平身，赞撤香案，赞各入复位坐，赞设讲案，赞恭讲圣训宣谕各一道，赞宾主，皆立听，二人各讲毕，赞皆坐，赞再讲敷言鹿鸣南山内二道，二人各讲毕，赞撤讲案。

曰礼约宾。主约、副主约揖，约正、约副命弟子酌酒，旅献宾主，各执酒交献毕，赞各作揖，赞宾主各饮酒，饮毕，赞各作揖，赞请众约宾就坐位，主约，副主约、约正副揖宾，皆坐。坐位以齿为次序，不论贫富贵贱，盖在乡党，宜以具为尊也。赞行燕礼，命酌酒置于各约宾席上，及酌，举酒于主约、副主约、约正副席上。

曰尚礼义。所谓礼义者，父子相亲，兄弟相友，长幼相爱，夫妇相敬，朋友相信，有恩相亲，有礼相接，与凡父坐子立，夫妇如宾，兄先弟随之类。《孟子》曰：徐行后长者，谓之弟疾，行先长者，谓之不弟，行路遇长于己者，则让之先行，而己随之，若遇长者来，则少者立，待长者过乃行，己若骑马遇长者，则下马或引马避之，若长者避之，则至其处下马，请出揖之。凡坐，不可分上户下户，率以齿为序。《易》曰：谦尊而光卑，而不可逾。岂不是好。凡遇冬年节、则同甲之人各相往来拜贺，有婚嫁丧葬，皆宜相吊相助，以尽其情可也。

曰恤患难。凡同甲者，如一家之人，又如一人之身，须要如子弟相卫，手足相顾，且如手足在一人之身，刺之则知痛，岂有不相顾之理。兄弟阋于墙外御其侮，岂有不顾卫之理。凡有疾病，必相问疗，有水火盗贼之灾，必相救援。有死丧必相吊慰。邻里有丧，舂不相杵，不巷歌。至于同甲有人被诬害，则二十四家率一乡之人共保白之。横加诬人、总甲罗织之类，必共捍之，不许入本里为害，则人人有倚为善矣。

曰立臧否。臧谓善良，否谓不善。凡二十五家同甲之内，一人为非，则共往戒之，务使不为恶而后已。一人为善，则共往赞之，务使成其善而后已。久久行之，则为不善者日消，为善者日长，为善者日长，为恶者日消，不仁者远矣，是谓善俗。

曰行保甲。照得往年"总督两广新建伯五阳明公"立保甲法，予在南京参赞亦尝行之，皆仿朱文公之意，或十家二十五家为一甲，甲内互相保察，互相亲睦，务相勉为善，不许为非。甲内一人为非，二十四家举呈乡正，闻官究治。若九家（或）二十四家不呈，则罪必连坐。若小有言语，则同甲之人，互相和解，不复斗讼，则风俗亦由之而淳厚矣。予南京京参赞奏编保甲，以联人情一节有云：每二十五家编为一甲，共立粉牌一面，备书二十五家姓名、户籍、丁口及某为士、某为农、某为工、某为商。其牌轮流收管。收牌之人，每日询访二十四家出入动静。如某家行某事善，则率二十四家共赞成之。某家行某事不善，则率二十四家共阻止之。或懒惰不务生理，及因争田地相攘闹斗讼，则率二十四家共解释之，不听则必继之以泣，务致欢乐如初可也。凡二十五家，出入相友，守望相助，疾病相扶持，二十五家之人，宛如一家父子兄弟之爱，则百姓睦矣。其有肆为不善、游手好闲者，及赌博者。与大不务同民联属者，二十四家故纵不肯即时举正者，乡正呈官连坐责罚之。

曰躬巡省。除四促之望会约，余于正、三、四、六、七、九、十、十二月之望，主约、副主约、约正副同乡正，巡行各甲而督察之。某甲某人为善，某甲某人为不善，某甲某人为孝为弟，某甲某人为不孝为弟之类，以警之。

读约毕，宾主皆起立，相向拱手答云：谨如约矣。复坐，赞讲《孟子》，乃讲《孟子》曰：死徙无出乡，乡田同井，出入相友，守望相助，疾病相持，则面姓亲睦。讲毕，司籍者以册就各约宾，密书某人某事善。又立一册，待一年之后，才密书某人某事过恶，不以示人，令其可改，若二年不改，则鸣鼓攻之矣。赞乡正举保甲中之人，曰某人为某善，某人为某恶，告毕，赞乡约礼毕，宾主起立中堂，相向作揖，主约副主约出送，约宾从西阶，主（约）从东阶，至大门相向作揖，举手别。赞复曰，宾不顾矣。

【说明】

增城区新塘村古称沙贝，别名沙堤。《沙堤乡约》创行于明代嘉靖二十三年（1544 年），又名《沙堤圣训约》。它是由沙贝村退休回乡的官员湛若水和伍克刚分别担任主约和副主约，并有乡民代表共同参与的一部古代乡规民约。

湛若水

《沙堤乡约》是一个体现乡村宗族团结的乡约。明代嘉靖中期，增城社会矛盾逐步加剧，赌博、偷窃等歪风盛行。处于增城西南的沙贝村当时大约只有 250 户 1000 多人，虽然人口不多，但一村却有湛、伍、温、黄、何、区、姚、熊等十多个姓氏，仅靠传统的宗族制度难于管理。为了维护社会秩序，净化乡风民德，从南京兵部尚书参赞机务官职致仕回乡的湛若水和岳州（今湖南岳阳）通判（副知州）致仕回乡的伍克刚便发起制定《沙堤乡约》，经村中各宗族代表反复商议成文。嘉靖二十三年五月十五日，《沙堤乡约》创行仪式在本村独岗书院礼堂隆重地举行。据记载，乡约主持人、乡约宾和乡约执事共 65 人，这些决策和管理人员中，除主约湛若水和副主约伍克刚是退休官员外，全是村中 14 个不同姓氏中的“布衣”。可见，这完全是民间为了维护良好的社会风气而制定的乡规民约。《沙堤乡约》在独岗书院公开宣布诞生，开宗族团结和谐，共同管理乡村的先河。

《沙堤乡约》由“尚礼义、恤患难、立臧否、行保甲、躬巡省”五个部分组成。前两部分规定村民的行为，后三部分是施行乡约的做法。整个乡约是传统和谐理想与当时矛盾现实结合的探索，是湛若水和伍克刚等人倡导团结，以德治乡的思想的集中体现。

“尚礼义”首先倡导中华民族优良的传统礼节，主张“父子相亲，兄弟相友，长幼相爱，夫妻相敬，朋友相信，有恩相亲，有礼相接”，“凡坐，不可分上户下户，率以齿为序（不可论财富官职，而以年龄为序）”。

“恤患难”要求邻里患难相恤，“凡同甲者，如一家之人，又如一人之身”，“凡有疾病，必相问疗，有水火盗贼之灾，必相救援。有死丧必相吊慰”；规定“同甲有人被诬害，则二十四家率一乡之人共保白之。横加诬人，总甲罗织之类，不许入本里为害”。团结互助维护乡村社会治安。

“立臧否”强调德业相劝，过失相规的集体行为。“一人为非，则共往戒之，务使不为恶而后已。一人为善，则共往赞之，务使成其善而后已。久久行之，则为不善者日消，为善者日长，为恶者日消，不仁者远矣，是为善俗”。

“行保甲”推行保甲制的设想，通过强化保甲集体责任制促进村风淳厚。“甲内互相保察，互相亲睦，务相勉为善，不许为非。甲内一人为非，二十四家举呈乡正，闻官究治。”“著小有言语，则同甲之人，互相和解，不复斗讼，则风俗亦由之而淳厚矣。”

“躬巡省”规定乡约领导成员要下乡巡查督促。“主约、副主约、约正副同乡正，巡行各甲而督察之。”对为善、为孝、为悌和不善、不孝、不悌之人以警之。强调巡查督促，这是《沙堤乡约》当时与众不同的特色。

《沙堤乡约》是明代新塘乡村文化意识的体现。由于历史的原因，沙堤乡约推行的时间虽然不长，但它倡导崇尚礼义，患难相恤的传统道德文化却一直在民间传承。沙贝，明中叶只是个多姓氏的千人乡村，可到了明末清初，却成了珠三角闻名遐迩的商贸重镇新塘。这和新塘崇尚礼义，互助包容的民风所形成的人文环境有密切的关系。

珠海市

香洲区梅溪乡庙书塾尝业碑记

盖闻庙宇增辉所以显明神道也，书堂讲学所以培植人材也。今者本乡梅溪大庙及义塾，余既于庚寅岁由檀香山内渡后，独力修造拓具旧址焕厥模矣，虽然作于始尤贵，图其终成于前，必须善其后也。余于是拨出自置逸志堂县属税田二十契送作尝业，所收田租先约粮务，余则专为该庙该塾遞年之需。凡墅中延师修脯，庙内朝夕香油以及司祝工食，看守后山培养树木工食，悉取资焉，另余可作守闸工食也，至于本乡一切别费及或有意外争讼之事，均不得挪移借用也。此田经已禀官存案，自送之后永远作为庙塾尝田，凡我后人须要体予深心，不准生端索回，乡人亦不得觊觎，营私典卖图利。务使馨香有赖长昭俎豆之光，乐育有资永布菁莪之化，则神道昭彰于万载，人材蔚起于一乡矣。特立碑石民藉垂久远后有继者跂予望之。

梅溪陈氏大宗祠

《梅溪乡庙书塾尝业碑记》前壁

本大庙（洪圣庙）面前之地是国芬翁税地也。

光绪十七年岁次辛卯仲冬，所以本乡绅耆等公议将大庙后余地及婆林之地共约二亩零尽送与国芬翁，任由建造等用，特此立明永远为据。

【说明】

梅溪石牌坊坐落“陈芳花园”旧址，位于广东珠海市前山梅溪村，建于清光绪十二年（1886 年）和十七年（1891 年）。是光绪帝为表彰清朝驻夏威夷领事陈芳及其父母等人造福桑梓而赐建，2006 年被列为全国重点文物保护单位。

《梅溪乡庙书塾尝业碑记》出自梅溪牌坊内“乡约”建筑物之上。“乡约”是当年梅溪村民集会、制定村规民约、教育子弟的场所，现仅存前壁。该碑记记录了陈芳当年捐赠土地二十块共一百多亩，作为大庙、义塾的管理维护、教师及僧人的费用，并告诫子孙后代任何时候不得收回此项捐赠，乡邻人等不得占为私有或转卖。

陈芳[①]立碑为据，其本身就是乡规民约的一种表现形式。如今，陈芳捐资助学、立碑为据的事迹传于后世，彰显了珠海人开放包容、爱国爱乡、乐善好施的文化精神。

① 陈芳，字国芬，珠海梅溪村人。华侨第一位百万富翁，被誉为“商界王子”“一代糖王”。1857 年娶夏威夷国王义妹朱丽亚为妻，被选举担任夏威夷国会议员，1881 年被光绪皇帝钦命为中国驻夏威夷第一任领事，官居二品。1890 年陈芳返回故乡，落叶归根，晚年热心于家乡公益事业。1890 年变卖 60 万美元之家产归国，在澳门兴办酒店，养殖荷兰牛。在家乡建造房屋时，花费巨资整理村容。1906 年，逝于澳门，葬于故乡梅溪村。

斗门区南门村规训

宋太祖玉牒大训[①]

朕以为，人本乎祖，水本乎源，水流长而支异，人分远而派疏，理固然也。夫朕之祖宗，积德数百余年，爰及僖祖，聿修厥德……朕族无亲疏，世世为缌麻……勿恃富而轻贫，勿恃贵而轻贱，以至怠慢无礼。若有家贫无依者，富盛之家，宜加助力，勿使流离失所，有玷辱于祖宗也。各宜念之，毋负朕嘱。

赵梅南家训[②]

诚立位，礼智谦，学贤人，敦祖亲。和兄弟，睦之邻。训子孙，重礼教。慎交友，立本业，禁非为。

【说明】

南门村位于珠海市斗门区斗门镇的黄杨山下，虎跳门旁，是宋朝赵氏皇族后裔的聚居地。面积有8.1平方公里，辖下11个自然村，23个村民小组，户籍人口5602人。

该村既有快速便捷的交通地理区位优势，又有具深厚底蕴的历史文化

---

① 宋太祖赵匡胤建立宋朝后，于乾德二年（964年）八月十二日向天下颁布了《玉牒大训》：总观《玉牒大训》，其核心内容是“族无亲疏”，要族人博爱、互助、友善、平等、公正、文明、和谐相处，体现了儒家“仁、义、忠、孝”的思想，也是赵氏族人修身的范本和理念。

② 梅南赵公，宋魏王十一传，斗门赵氏四世祖，处士。生于元贞二年（1296年），卒于至正二十五年（1365年）。有强烈的民族气节，隐居不仕，终日观书弄琴陶情，誓不为元效力。

“梅南家训”是元至正二十一年（1361年）在他续修天源谱牒时编入的。虽然文字不多，可将如何修身、立业、治国的做法与美德集于一体，既囊括了宋太祖《玉牒大训》的内容，又贯穿了儒家的“诚信、有礼、谦让、敬业、孝悌、文明、友善、和谐、守法”的美德，与现代倡导的社会主义核心价值观的内容有相同的地方，是一份较为优秀的氏族家训。

资源优势，村内八成五以上人口是宋魏王赵匡美的后裔。从明朝永乐年建村至今，该村已历经600多年的历史沧桑，拥有得天独厚的历史文化资源和保存完好的古建筑群，兼具赵宋皇族遗韵与岭南文化特色。祠堂、房屋、路面，一砖一瓦皆透着古朴庄重的大宋遗风，村里人文氛围浓厚，乡风淳朴，自古就有书礼之乡的美名。2012年9月被定为珠海市首批幸福村居建设示范村，2014年入选“中国十大最美乡村”。

青石板街

传统镬耳墙

汕头市

澄海区澄城双忠庙遏制奢风告示

我澄虽滨海之区，夙称邹鲁，凡大小礼数，毫无奢华。迩因习俗相沿，风遂一变，无端浪费，谬为礼文。目前最甚者，莫如姻戚馈遗一事。考城厢内外以至大小村落，无论富家贫户，一女嫁出，则父母首数年必破探正送节等费。逐年又必以四季食物挑送婿家应酬，多则为荣，少则为辱；即或家贫无力，也得百计经营。礼岂如斯，徒耗财多事而已。今本城五社绅众，深痛此弊，公议停止，于本月廿四日演戏于此尊神前，声明告诫，并俾大小各村落有所传闻。唯恐代远年深，无知者或仍踵弊，固将缘由条约，一并勒石，以杜后来。

一、自演戏议止之后，社内人众，无论嫁出娶入，均不得再有探正送节等事，年间不得挑送四季食物，如甘蔗、黄蕉、黄柑、薄饼、角黍包、菽桃、果豆粉、荔枝、龙眼、青红柿之类，违者议罚。

二、籍庆祝飞升，馈送神惠，虽非无端浪费，究系近来奢风，自议止之后，毋得有此事，违者议罚。

光绪二十七年辛丑十二月廿五日

【说明】

汕头澄海因属滨海地区，外患严重，灾害频仍，经济从来不算发达。但是在澄海县尤其是澄海城的百姓迷信鬼神，以及浮靡奢费之风，却比任何地方都严重。带头革除这种恶俗的，便是士绅代表。遏制奢风告示碑于清光绪二十七年十二月廿五日（1902 年 1 月 4 日）竖立在澄城双忠庙前，至今仍存。之所以在此时此地立碑，主要是因为此日在双忠庙前演送神戏，来看戏的人很多，趁此机会出告示，影响力较广，可以达到广而告之的作用。

有趣的是第二项条约，说每年酬神演戏，场面过于铺张，也属奢风之一种，包括本次大张旗鼓演戏谢神，只为吸引多一些的人前来而已，神人共鉴，下不为例；民生多艰，各事须应从俭，否则也要“议罚”。

澄海区外砂五乡守关乡约

五乡严禁：

——守关咸淡出入误公，禀官究治。

——关枋失落罚守关赔还。

——守关得财私开船只出入。

——船只自己盗开出入。

——私借关枋并守关擅自许借。

——关内贮关枋不许堆草。

以上违者罚戏一台。知情报众赏银二百文。

【说明】

此守关乡约碑由澄海下埔等五乡于清乾隆五十九年（1794 年）所立。第一项当然最为严重：“咸淡出入误公。”海潮上涌时忘了下关闸，该排涝时忘了启关闸，这都是危及人民生命财产安全的大事故，属渎职行为，故要禀官究治。失落、私借或擅自许借关枋，更属不法。关枋是涵闸的一部分，是专用物品，借出移作他用，临急时查找不到，便会误了大事。关内堆草更影响水利。私自开关出入，或守关得财私放船只通过，也属不法行为，危及地方安全。

因澄海的地理位置特殊，常是盗贼出没之地，朝廷又严禁走私，把好关口，也可减少济盗之嫌。对古代的乡规民约，我们只能以是否符合大多数人的利益，有利于社会进步去进行衡量。

韶关市

仁化县恩村乡严禁本村后山树木碑记

为严禁本村后山树木事，窃思两间风水，端资树木以扶持；百卉生机，宜戒斧斫之剪伐。我等恩村后山，上至官仓，下至窑前，自开基以来，杂松遍植。迨中叶而后，严禁常申，所以老干扶疏，固郁郁而深秀，勾萌生发，亦欣欣而向荣。奈近年人心不古，为私灭公者，有等贪利之徒，或假刍荛而乘间鼠，或托风雪而借影徇偷，甚或窃伐潜移，谓是他之木。盗枝存干，致枯蔽日之林，百弊丛生，十指难屈。睹此情形，深堪痛恨。爰集众商议勒碑严禁。自后内外人等，各宜勉戒，即是一条一枝，亦必勿剪勿伐。如有不遵约束，敢行盗窃者，倘经捉获，或被查知，定必重罚，断不轻饶。如敢持横抗拒，即捆呈官究治，幸各凛遵，毋违。此禁。

右开众议规条列后：

——议盗斫该山树木者，每株罚银二大元正；盗斫杂枝松光者，每犯罚银一大元正，如违送究，樟树加倍处罚。

——议该山树木，有能知盗斫人姓名，即报知、敢证者，赏给花红银一大元正，当场捉获盗砍人送交申耆者，赏给花红银二大元正。

大清光绪十五年岁次己丑仲秋月吉日族长蒙陈瑞暨合族绅耆同立

梅州市

大埔县双坑村合乡禁赌议规

立禁规。何乃端、乃命、乃运、乃敬、乃子、乃奇、乃晋、乃和、乃谨、乃名、乃琴、乃梓、乃练、乃孙、乃叠、乃准、乃仲、乃人、乃取、乃表、乃健、乃学、乃雄、乃动、乃习、乃仁、乃职、乃召、乃杰、乃才、谢宗巽、谢宗玉、熊阿娥、肖阿提、陈三妹、肖阿盛、丘士伦、刘咨采、陈阿石、林阿福、林庚长、罗上拔、张允济、张阿享、何德便、象铨、象允、象宾、仰升、联升、仲升、亲升、援升、叠升、仕升、抡升、荐升、碗升、崇升、吏升、名升、创升、愤升、乾升、赐升、浩升及降同合乡人等，为再严行申禁赌博事。窃思赌博之病，为害不小。其始不过一二人戏谑为之，或游对子，或掷乌白，其后因而耍牌押宝，又引诱良家子弟，十百为群，遂百孔千疮，莫可救止。夫赌博，有赢亦有输，输则热中，不顾身家性命，不惜体面。始而卖田、卖屋，继而卖妻、卖子，甚而挖祖父之骸骨，卖祖父之地坟，典尽当尽，身无分文。强者流为盗贼，穿墙挖壁，弱者流为乞丐，偷鸡毒狗，侮辱祖先，祸及宗党，此赌博之害也。我庐江氏自上祖严禁，初犯拿获，合族齐至，将竹鞭惨打；二犯，则令其父兄或毒死，或杀死。一人之死，犹可救父母妻子之死。此父老传闻，世世守之勿替。是以庐江氏至今百年，无人敢赌博者。即我各姓列亲移居此地，亦并无人敢在村中赌博者。凡在双坑居住，富而不贫，贫而不苦，皆数百年来严禁之故也。慈（兹）则世远年湮，法久生玩，故再严行申禁：嗣后各宜父诫其子，兄告其弟，毋蹈覆井，毋蹈危机。各族有不肖子弟，敢在乡村赌博，或有开场窝赌、抽油火、放小头者，查实，合乡齐至，捆缚其人，剥光惨打，赶逐他乡，拆去其房屋，毋令滋蔓，至成一乡皆盗贼。倘其父兄执法，则情犹可宽恕；若父兄庇护，又敢恃强逞赤，通乡签名，呈官究治。所有费用，俱出自始祖与各代蒸尝。各姓烟户派钱，择请一二人出身，此为子孙身家性命计，为祖父骸骨地坟谋也。幸勿裹足不前，袖手旁观，庶无不肖子弟羞辱祖父也。今欲有凭，立禁规一纸，交乃端收执，有犯，即将此款交出首人缴官。

乾隆二十一年丙子八月二十日立

【说明】

大埔县湖寮地区的双坑村，又名崧里，地处大埔县中部。位于由大圳、小圳两条坑水冲积而成的盆地上，周围群山环抱，地势东西绵长，南北狭窄，故名双坑。在大埔开县以前，双坑属饶平县清远都。明代嘉靖五年（1526年）设立大埔县后，双坑为全县32个民社之一。中华人民共和国成立后，设双坑乡，隶属湖寮区。1958年，双坑乡分设上、下二村。

双坑是一个以何姓为主的多姓村落。相传何氏于宋末定居双坑，至嘉靖年间已形成宗族社会。至康熙以后开始崛起，尤其是同治年间何如璋中进士后，何氏的社会地位大大提高，成为大埔县的名门望族。

康熙以前，双坑人多以在家种田为主，因而风俗非常淳朴，人无浮华。光绪以后出门经商、做官的不断增多，风俗逐渐崇尚奢华。嘉靖四十一年（1562年）曾发生房斗事件，相传就是共五世的三房部分子孙聚众赌博，秀才何带溪进行干预，从而导致报复。这一事件后，双坑何氏一直把禁赌作为祖传的禁令，不允许出现。乾隆年间，因出门经商、做工等谋生的人的增多，把赌博的风气也带回了双坑，这时族中老成竟动员全乡甚至上报到县，经县令同意，刻立石碑于村中，一再重申禁令。

第一次是乾隆二十一年（1756年），为全乡性的，就是《合乡禁赌议规》。第二次为乾隆三十年（1765年），为宗族内部的，就是《合族立议禁赌规条》；第三次为乾隆五十九年（1794年），则是上报县府、得到县令批准后立碑示禁的，即《合乡禁赌呈请冯县主给示勒石文》；至光绪年间，为了维护村中的淳朴风气，由南洋回来的富商何凌云，竟捐出一大笔钱，作为对败坏社会风气行为进行惩治的基金。并呈准县令，提出8条严禁条例，竖石碑于村中。由此可见民国时期双坑社会风气的淳朴，是在宗族老成的有力维持之下才得以实现的。

大埔县百侯通乡公碑

《法言》云："一哄之市，必立之平"。矧在万室之聚乎！倘权量不尽一，殊非盛世醇厚之风。兹通乡绅耆会议，公置铁字斗八个，铁字升八个，并编"乾、坎、艮、震、巽、离、坤、兑"字样；公置天平针秤五杆，编"公、正、协、人、心"字样。斗秤俱付圩长收掌。斗升用七留一，秤用三留二，依序轮换校对，永杜弊端。所有条约，详具于左：

一、米、谷、盐食随价低昂，俱用铁斗平量交易，如用私置斗升，予受同非，并罚油三斤鹇归本圩福德祠用。

二、杂货、咸鱼、猪鸡及一切食物，用秤之处，总以对针为准，如不及针，则过在牙人及卖货者；如已对针，而仍额外多收，则过在买者；如牙人及卖货者，奉承势要，瞻循情面而于对针外暗送便宜，则予受同过。以上等弊，一经查出，并罚油三斤。

三、屠行除肠血外，一切花油肚脏俱一上秤，无论时价高低，总以对针为准；其卖猪买肉价钱原有行情大势，听其照依时值买卖，毋庸拘定。

四、瘟畜、母畜不准屠宰，如敢混卖，察出罚戏一本。

五、斗升轮换，每圩期一次校对；针秤轮换，每月朔一次校对。

六、圩长工食，议定圩日每斗一个给钱五文；早晨扛猪，每十斤卖猪人给钱一文。其开铺者过节给钱十文，过年给钱十文。

以上并经通乡绅耆公议，演戏通闻，勒石求遵。如犯弊款，鸣众公罚。倘敢抗顽，呈官究治。

大埔乾隆十八年癸酉秋吉旦合乡公立

【说明】

1984年冬，百侯区修建侯南圩街道，施工时在地底深处挖出一块清乾隆十八年（1753年）的碑石，就是《通乡公碑》，碑长119厘米，宽47厘米。主要对当地市场交易进行了分类和规范。其所设定的"公置天平针秤五杆"可说是今天公平秤的前身。

丰顺县汤西镇白头村严谕示禁碑

示谕该处乡民及地保人等知悉：汝等当知田以输粮耕种为重，坡以蓄水灌溉攸资。岂有贪一时之利，害通乡之生计。嗣后附近人等，务宜各安本分，共激天良，毋得在于白头山乡定江坡地面，穿坡药鱼，害人利己。如有烂崽匪徒，再蹈前辙，致害耕种，许地保甲长人等，立即扭禀送县以凭法究，决不姑宽。该保甲等，各宜凛遵，毋违。特示。

嘉庆十六年九月二十七日示

【说明】

此碑放置在丰顺汤西镇白头村定江坡头圳坎上。石碑高 120 厘米，宽 62 厘米，厚 38 厘米，知县严晖吉立于清嘉庆十六年（1811 年）。主要是对当地的一些破坏耕种蓄水的行为进行晓谕、禁止。

惠州市

惠阳区崇林世居乡规

盖闻在朝言朝，在乡言乡。朝则有律法，乡则有规条。兹我大山下乡，自蓼园大高祖开基以来，世传忠厚，人守礼法。迩因宗枝蕃衍，子孙众多，品类不齐，贤愚互异，若不严立规条，恐无知无识之人，不免有犯法乱纪之事，非所以继先志而守家训也。爰集公议，倡立规条十则，子孙各宜凛遵，毋稍遗忘，是所厚望焉。爰为序。

——敦孝弟。人生在世，各有父兄。不孝不弟，何以为人？族内子弟，务宜以孝弟为本，切毋忤逆，以重天伦。

——睦宗族。血脉攸关，伯叔弟侄，虽疏犹亲，理宜分长幼尊卑，相

崇林世居大门

亲相爱，和睦一堂，勿因微嫌，各怀意见。

——务正业。凡人游手好闲，贪图安乐，富者必贫，贫者必困，贫困日深，饥寒交迫，一切非为，渐成不觉，祸身害族，患即为斯。凡为我族人，或士或农，或工或商，务宜各劝正业，戒游惰以辟利源。

——重国课。凡买、当产业，必有钱粮，皆国家惟正之供，务宜年清年款，丝粒不容蒂欠。至断活契据，尤宜迅速投税，以免害累。

——守国法。国法森严，毫无宽赦，私开当押，私藏军械，押当枪炮，窝藏匪人，串同入会，匿税走私，凡一切有干例禁者，法所不容。小则陷没身家，大则贻累宗族，务宜凛戒勿忘。

——戒非为。赌馆烟馆，最宜聚匪。凡开设而交接匪徒，并盗窃、骗诱、狡串，一切非为之事，必致害身家、累宗族，穷其祸患，惨不胜言。各宜猛省，宜务正业。

——崇节俭。凡冠婚丧祭，虽属大典，须称家有无，不可浪费。至饮食衣服，尤宜节俭。

——端风俗。一乡风俗，循良朴茂，始堪嘉尚。故立身行事，务须光明正大。凡伤风败俗之事，皆宜一切扫除。

——敬师长。凡乡中学堂，无论大小，皆宜整肃，所聘师长，务宜尊重，即外人来学，亦宜视同一体，免生畛域。

——和乡邻。凡属乡邻，非戚即友，无论贫富，接待宜恭，勿因小嫌，致启争斗等弊。

光绪三十一年孟夏立

崇林世居规条碑

【说明】

崇林世居规条十则碑，为叶氏第六代举人叶蓉煌中举后所立。叶氏后人更喜欢把这十则规条当成十条乡规。他们都能熟背十条乡规，并以此作为为人处世的规则。

如今，刻有这十条乡规的碑立在崇林世居的大门厅内右侧墙上，是一块黑色的石板。十则规条每一条用三字总结，并做了详细的解释。文字浅显易懂，除了孝悌、守法、和睦、尊师、节俭等中华传统美德外，还专门有一条提到要“重国课”，无论买什么产业，要缴的税必须迅速交清，不要拖到下一年来交。国课就是要交给国家的赋税，或许因为叶家产业多，从商的人也多，所以特意立了这一条，可见叶氏家族的确是世传忠厚，人守礼法。

崇林世居建成至今已有200多年历史，叶氏家族乐居其中，兴教化，重德行，耕读传家，人才辈出，叶氏曾出有举人、秀才九人。新中国成立初期，镇隆镇学校三分之二的老师出自崇林世居，现在也有很多叶氏后裔分布在全国各地从事教育工作。

惠阳区永湖凤咀黄氏家法

——敦孝悌：如有忤逆父母，干犯伯叔兄长及欺压弟侄者，族长、族证唤入祠堂，秉公分晓责饬。如有不遵，鸣上究治。

——重节孝：如我族有节孝，归族长、族证禀报，请旌祠堂建立匾额以示鼓励。若志节孝而势处两难者，合族当急为周旋，以曲全之。

——正族支：如族间有正娶无子者，可娶妾。若不能娶妾抚亲房之子承嗣，亲房即无，酌量抚远房之子。切不可带来之子承宗接嗣，致使异姓乱宗，与后人酿成祸端。

——正婚姻：凡婚姻，必宜慎始，如业已给庚，有媒有证，不得嫌贫爱富，藉端渝盟。尤禁同姓为婚、与兄嫂弟转房，大伤伦纪。及已出之母，不得入祠、立主，亦不许归葬公山。

——亲九族：宜矜孤恤寡，敬老怜贫，解难救灾，不得以强凌弱，以富压贫，以知欺愚，如有犯引，凭族长族证公罚。

——息争讼：凡遇口角是非，务宜从公处理，力为排解，不得挟忿逞私，以直为曲，徇情偏护，致令酿成词讼。如有此情，凭族公罚。

——严非为：凡六房子弟，士农工商，各习其业。如有朋党作奸，学习异术，凭族责饬。倘有不遵，鸣官究治，以免酿祸株连合族。

——戒酗酒：凡冠、婚、丧、祭，族人让外客先坐，近族让远族先坐，卑者让尊者先坐。至酒后尤须慎言语，谨威仪，不许酗酒角孽。如有不遵，凭族长、族证责饬。

——族间买卖田土：请凭家族酌量其当买、当卖，然后照时秉公议价。当买者不得挟私啃卡，不当买者，亦不得挟忿控卖。

——族间固以息讼为上：然有万不得已当禀官者，预先投鸣家族理处。业经族断，有执拗者，然后方准禀官。如有未经家族禀官者，无论理之曲直公罚。

——我族人繁事多，事关大体，固必投鸣族长、族证理处。若事事皆然，势为极难，有事之家各酌量，拉开本房或附近之伯叔兄弟，有能了息此事者，即投鸣了息之，可不必投鸣族长。或已投鸣族长，酌量此事。可委何人则委之，否则不得偷闲，务必亲到。

以上诸条，犯者凭族分晓责罚。如早知情亏，酒误预为认错者，责罚减等。如断明执拗者，加倍。若不当鸣官而妄为控告者，众族公禀，勿容姑宽。

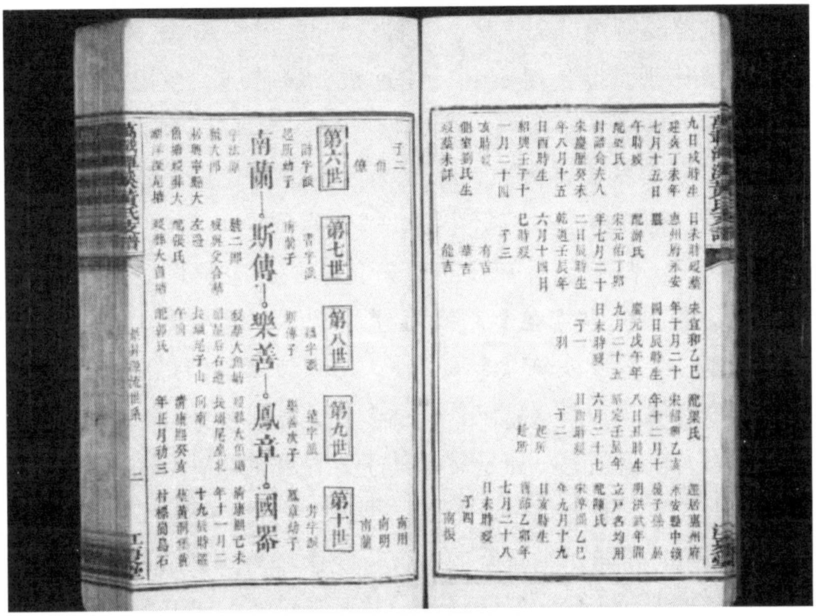

凤咀《黄氏家谱》册页

龙门县路溪《奉龙门县师准给示永禁碑记》

特授龙门县正堂加十级记录十次师，为恳恩准勒石示禁，以肃乡规而端风化事。据路溪峒生员李仁亨、沈日济、罗钜桢、刘德官、李名标、罗大观，监生罗伟观，监生姚定邦、沈远敷、翟普施，乡民刘闾中、姚砚扬、陈荣光、刘波莹、李荣西、李愈槐、罗谷诒、甘鏸堂等，切乡有约，约有规，所以奉功令而遵宪典，除匪类而卫善良者也。兹际仁廉莅治多年，恩施士庶，德沛群黎。河阳花满，咸依召父杜母之光，福曜星高，共切瞻云就日之望。故阖邑凉风剪剔，奸宄潜消。生等僻处路溪，人愚地瘠。嘉庆七年蒙恩许生等在于路溪墟建立义学，以垂风化。自此德泽覃敷，醇风渐复。生等久欲邀恩给示，使人有口皆碑。但是阴雨未绸，一时未及。兹因修葺修学，集众公议，枚举乡规，环瑎吁请。伏乞廉明恩准赐示，并准勒石，以垂久远。如是父勉其子，兄诫其弟，莫不从风向化，皆荷仁恩于靡既矣！计粘各款呈赴等情。据此，当批：据呈议定乡规，约束子弟，实属堪嘉，准给示勒石晓谕，合行晓谕。为此，示谕该峒绅耆民人知悉：尔等务须训勉子弟，安分守法，共为良民。衿耆必须秉公持正，毋以亲疏强弱，稍为偏袒徇护。嗣后倘有违犯后开乡规者，许绅耆等禀赴本县，以凭严拘，按法究治，决不姑宽。各宜凛遵，毋违。特示。

计开乡规——

守王法，以遵典则；

敦孝悌，以明人伦；

禁奸淫，以肃伦纪；

禁窝赃聚赌，以清弊源；

禁男妇依烂服毒惫怼，以儆刁风；

禁窃贼诬良为盗；

禁狡计唆摆，以杜讼源；

禁人物毁耗五谷、芋薯、蔬菜等物；

禁逋租霸耕，以重课税；

禁争端打架，以听公论；

禁事主妄行滋事；

国课早完，以急正供；

务本业，以戒游手；

禁挟恨冒捏，以存天良；

禁怀私徇情，以归正道；

禁贼盗，以除乡害；

禁恃强凌弱，以众暴寡；

禁藉命索诈，贻害良民；

禁占葬祖坟，以存阴骘；

禁强乞窥阚，疯疾入境；

禁火烧山林，私砍竹木。

嘉庆十四年岁次庚午四月吉日示
告示
仰发路溪义学张挂晓谕

【说明】

位于惠州龙门县东南部的路溪，自古偏僻，文教多年未开。清乾隆二十五年（1760 年）岁贡、路溪人李价重，是路溪较为著名的古代名人。清嘉庆七年（1802 年），路溪人沈日济、罗大观、李名标等生员在路溪圩创建路溪义学，以垂风化。七年后，李仁亨、沈日济、罗大观、罗伟观、李名标等人，为约束乡人子弟安分守法，在修葺义学之际，集众公议、枚举乡规，经知县恩准赐示勒石，于当年四月立碑于路溪义学门前。

碑文拓本局部

作为民间禁碑，路溪禁碑反映了“民间公权”的独立性和依附性特征。路溪义学落成，禁碑竖立，为山间集市路溪圩增添了一股正气。文教之风，在此形成。路溪禁碑铭刻21条乡规民约，虽然已经过去200多年，但从今天的眼光来看，其中大部分条约还是具有人文之光，比如，“敦孝悌，以明人伦”“禁奸淫，以肃伦纪”“禁窝赃聚赌，以清弊源”“禁人物毁耗五谷、芋薯、蔬菜等物”“务本业，以戒游手”“禁怀私徇情，以归正道”“禁贼盗，以除乡害”“禁藉命索诈，贻害良民”“禁火烧山林，私砍竹木”等，都是古今皆准的道德准绳，对民间良风美俗的形成和净化社会风气依然具有现实意义。

龙门县小径村梁氏家训

一、奉祖先

水源木本，理不可忘。但思身所自来，则由吾父而吾祖，一一追溯，虽十世、百世固不得以为远也。奉先思孝，古训昭垂，帝王且然，况大夫、士庶哉。吾家自远祖以来所立家规：凡先世考妣生日、忌辰，家中必当设祭之礼，岁首、岁除、端午、中秋亦如之。新岁暨清明，必相率扫墓，古人所谓上冢也。各家无论老幼，必当亲诣墓前，行三叩首礼。虽大风雨雪，不得惮劳。此乡族所同，子孙宜永永循守。庶几因时感慕，不至忘春露、秋霜之恩乎。万物本乎天，人本乎祖，但有心知，亦可共明此理也。

二、孝父母

属毛离里，怀抱恩深；择傅延师，劬劳念切。苟或不孝，禽兽何别。但不孝匪一端，如孟子言，世俗所谓不孝者五，大略该之。而好货才防、私妻子，尤为乡俗通弊，不可不以为切戒。至于违犯教令，律有明条。凡子孙于父母及父母，骂者罪即绞决，殴则斩决，杀者凌迟处死。例禁森严，虽下愚亦当知畏。苟念生我、鞠我、抚我、育我之德，则服劳、致敬、就养，无方天性所流，自有不能已者，何至尚有忤逆哉。倘有不孝之子，合族须预为教戒，俾知悛改。庶免酿成枭乱，贻累族人。

三、和兄弟

长枕大被，天子且然；让枣推梨，昔人称美。但人家兄弟，当幼小时无不十分友爱。其后之不睦者，大抵因妻子、争财产而已。抑或此贫彼富，有求莫应，若秦、越人之相视。同气参商，半皆由此。夫一父之子，即非同胎共乳，有前后嫡庶之别，亦属一气所生。骨肉至亲，尚成嫌隙，子孙尤而效之，有不破家者乎？堂从兄弟，尚宜和睦，况在同气乎？族中宜互相教戒，共笃友于，则出入怡怡，家风不陨，亦同宗之光矣。

四、睦宗族

贵贵贤贤，义无偏诎；亲亲长长，分有常伸。凡子姓之分支，皆祖宗之一脉。尊卑之分，轶然不淆。长幼之情，蔼然相浃。喜则相庆，忧则相吊。贫弱之一，富实者宜时周恤之。愚鲁之徒，贤智者时教导之。总以相扶、相助为念。至于尊长，尤不得与卑幼戏谑，致为有识者所笑。此吾乡之陋俗，不可不切戒矣。

五、和乡邻

岁时款洽，谊笃比邻；患难扶持，世称会里。我先世以忠厚传家，凡属子孙，务必谦虚乐易，与人无争。不得恃血气以凌人，逞奸诈以滋事，徒害邻里，终累身家。若有不肖子弟，恃强恃诈，或倚仗族人之势，欺侮乡党者长辈亟戒责。尤宜念睦、任恤之风，实为古道，待人务从乎厚，处世毋涉乎骄。至于修桥、补路、拯溺、救饥、恤寡孤、劝善教不能诸事，凡有益于桑梓者，量力行之。生长聚族之邦，其亦共有所赖也夫。

六、教子弟

子弟以读书明理上，为父兄者必延聘名师，慎择益友，俾得朝夕渐摩，学问有所成就。遇则掇科取第，不遇亦不不失为通人。光前裕后之图，计莫逾此。其有资质不能读，及力不能读者，则为农、为工、为商，即佣雇营生，亦属正业。总当责以勤俭，教以安分，令其学为好人，切不可任令游手好闲，习致败坏家声。至于富贵之家子弟，性质即有琰刘，亦当以师为约束，切勿骄养溺爱，终受必家之富。所谓子孙虽愚，经书不可不读也。

七、戒习染

习俗之坏人子弟，事不一端。其显者则嫖也、赌也、酒也、烟也，而近年尤有入会、结盟等恶习也。江湖无赖随处煽诱，年轻子弟每为所牵。轻则有玷行为，重则显干法纪，其祸不可胜言。即轻薄之行，狷利之语，戏谑、骂詈、欺诞、狂佻，市井恶少情形，为大雅所深鄙，亦当引为切戒。至于干预词讼，习以为能，亦非立身之道，曷若不入公门之为愈乎。

又隶卒贱役，例不准其子孙与考，凡族中子弟虽至贫困，应不准当差。违者黜之勿齿。

八、奖名节

忠臣孝子，代有表彰；潜德幽光，岂容湮没。族中如有孝子、悌弟、义夫、节妇，确有实迹未经旌奖者，应由族人备录行状，会众覆实，联名举报，或请匾额，或请旌表。斯亦一族与有荣焉之事，不可不知。

九、慎婚嫁

玉洁冰清，固称佳偶；荆钗布裙，不失良姻。凡族姓为男配，为女择婚，必须清白之家，门户相当者，方许联姻。不得贪图财物，轻信冰人，不辨薰莸，苟且作合。万一误结朱陈，使日后儿女竟不齿于乡曲，深为可惜。嗣后，如有不分良贱，不论可否，与奴隶娼优等为姻者，合族公屏之，不复与齿。

十、急赋税

践土食毛，自应输赋；急公好义，岂许逋粮。况国家惟正之供，按季征收，如额而止，先后不免。何苦延挨观望，伺候公庭，自取鞭扑耶？凡吾族于本户地丁漕粮各项，须依期投纳。即近年筹饷捐输，亦朝廷万不得已之举，亦不可逾延拖欠。庶催科不扰，门户晏如，岂非乐事？至佃田耕种，亦宜早纳年租。荒歉求减，必须情理相商。族中宜交相劝导，谕以急公。此所谓国课早完，自得至于乐者也。

【说明】

据梁氏族谱记载，梁姓最早出现在周朝，梁姓祖先以国为姓。梁氏家族不断繁衍生息，变迁发展，至宋朝时已发展至五十八代。在周朝时，梁氏家族定居在陕西省韩城南古少梁墟，后迁至浙江宁波，之后再辗转迁至福建和广东梅州、韶关珠玑巷等地。清朝时期梁氏家族的一个分支迁移至河源锡场镇径尾村（原属新丰县管辖），建立村庄定居，便是现在小径村的前身。1958 年建设新丰江水库，为配合国家建设，梁氏祖先与张氏祖先、杨氏祖先一起迁移至惠东县平山镇，后于 1961 年迁移至龙门县王坪

梁氏家训十则

镇刘村。因村庄旁边有一条山路通往河源径尾村，村庄便命名为小径村。1977年为配合国家建设白沙河水库，小径村迁移至王坪镇邬村，但新村庄沿用旧名——小径村。

小径村自然条件优越，村风民风淳朴，村民好客热情。为让子孙后代不忘过去，秉承中华民族尊老爱幼的优良传统、营造和谐文明的村风民风，村里的一些长者，如老干部、老党员、老教师等威望较高的同志，提出制定村规，让邻里乡人互相劝勉共同遵守，以相互协助救济，通过乡民受约、自约和互约来保障乡土社会成员的共同生活和共同进步。

汕尾市

城区马宫街道浪清乡徐氏族规

我乡徐氏三大房公议族规条例如下：

打骂父母，重责二百板，议革出族，绝不宽容。

殴打伯叔，重责八十板，殴打兄长，重责四十板，不遵者禀究，决不姑宽。

奸淫族内妇女，集合三大房立即捆缚沉海，倘伊父母不肯，族长、族正及各房长联名禀官究拟，并将犯者本家革出，不许入祠，决不宽宥。

不许窝藏奸匪盗贼，以及引带外方人士借歇，违者责板四十，决不轻宥。

偷窃物件，经破获，除赔赃外，重责四十板，决不宽宥。

不许在祠内聚赌及食鸦片，违者禀官究办，决不宽纵。

不许本姓人户雇请之各工匠在祠内做工，致损坏砖地，坏祠内清规，违者罚戏二本，不宥。

不许戏班戏脚在祠内住歇，违者罚戏二本，不宥。

不许在祠内放置农具、家具，以及帆桅网索、禾草、松尾等件，违者将物件丢弃，责板三十。

不准于祠前打柱，或在档石柱缚牛马，违者重责三十板，不宥。

不准在祠内前后厅及两厢熟睡，亵渎祖祠祖宗，违者重责板三十，不宥。

不准损坏墙壁、对联、壁画等，各宜教好儿孙，违者罚油三十斤。

不许在祠内祠前堆积秽物，违者罚油三十斤。

不准住屋欠税，耕田欠租，违者禀官，不宥。

乾隆四十四年岁次己亥壬月谷旦吉立

【说明】

徐氏族规碑刻于乾隆四十四年（1779 年），竖于马宫浪清乡徐氏祖祠内墙壁上，一共有 14 款内容。碑刻内容体现了清代徐氏乡民以“尊敬父母、长辈，禁盗、禁赌、禁毒”等族规作为“乡治”，是清代较为典型的乡规民约碑刻。

至今，马宫浪清乡的徐氏祖祠门前有多副文物旗杆夹，历史上也有过“兄弟联科”的佳话，可见族规在当时作为风清气正的指引具有良好的作用，值得借鉴发扬。

东莞市

大朗镇巷头村己逊陈公祠碑

己逊祖家子孙起造祖祠，以妥先灵，以便子孙聚集，务宜洁净堂阶，是以设立禁条。如违，定依后例警罚，决不宽恕，宜慎之可也。

谨将禁条列后：

禁开场聚赌，藏宿匪类，违者革胙。

禁放农具、辘头、砖石、家用各物，违者罚银二两。

禁造木、打磨、弹花、织布各艺工夫，违者罚银二两。

禁堆放物业，晾谷、□禾、打豆各物，违者罚银二两。

禁稚子入祠内污烂墙壁、椅桌等物，违者罚酒一埕，惟父兄是问。

道光二十九年岁次己酉闰四月吉日立

己逊陈公祠

石排镇塘尾村李氏家规族约

【劝业】士农工商皆为正业，宜居其一艺以专其事。切不可游手好闲，使仰无以事父母，俯无以蓄妻子，以致室人之交谪焉矣。

【敦孝】宗族以孝悌为先，子孙有能尽孝尽悌，果有行可称，内外无间言，凡遇各祭，颁孝廉之胙，以示奖励。

【明礼】吾家礼仪之宗，子弟各应谨守礼度。

【兴学】族中或绅矜耆士，或贵或富，有能协力建书院以造就成才之士，建小学以养童蒙，仍置腴田，以为岁中修脯灯油之费。择族中贤达或邑里名流为书院小学师，则兴起贤才，为功不小。不特书诸《家乘》，景仰无穷，即书院小学中，永祝长生，流芳百世矣。

【扬善】族中子孙有敦崇古道，德行冠于乡闾，好学潜修，声华著于邑里者，通族当不时奖誉，公举表扬，风励后人。

【睦族】族中或田地不明，或相角斗殴，投明尊长衣冠集祠公论是非。不得徇私偏比，非者赔礼，互相永释。

【惩恶】族中有恃尊强侵卑弱，如抗拒不遵族断，通族协力，公为本人结报鸣官，勿惜情面。

【敬祖】正献、分献、通赞、引赞、嘏词、读祝、执爵、司盥、司尊、告利成，先一日齐戒集祠习礼，不致临时失仪。

【说明】

据族谱《陇西李氏家乘》记载，宋末李栎因遭权贵排挤，只身由东莞白马逃至塘尾，被黎姓人家收留并配与女儿，历元、明、清近六百年的发展，李氏逐渐兴旺，至光绪年间达到鼎盛，人口增至1000多人，塘尾围成李氏家族聚落。塘尾明清古村落依自然山势缓坡而建，围前三口鱼塘一大二小，分别代表蟹壳与两只蟹钳，围面两口古井代表两只蟹眼，寓意一只巨蟹守护后面的村落和前面的千亩良田。

塘尾古村布局合理，由围墙、炮楼、里巷、祠堂、书室、民居、古井、池塘、古榕等组成很有特色的聚族而居的农业村落文化景观。尤为可贵的是，古村落格局保存完整，未经破坏的明清建筑比较多，保留大量精美的石雕、木雕和灰塑建筑构件，明、清、民国至改革开放前使用的生活和生产用具也有大量保存，具有较高的历史、科学和艺术价值。

现今塘尾明清古村落居民多搬出外住，房屋空置或出租给外地民工居住，塘尾村民委员会协调村民进行古村落的保护与管理。

湛江市

雷州市潭葛村禁鸦片碑

鸦片一事，乃奸夷贻害中原之诡计，以此盗我财，杀我民者也。凡有人心谁不愤恨，谁不告戒？试思我之高曾祖考六七世以来，士读众人，男男女女，内外安居，老幼乐业，坐享太平之福者，果系何人之恩，何人之德，何人为之庇护，何人为之经理？而忍听鸦片之入我村中，害我子弟乎？传履后土，载皇天，无以若俯仰；入祖庙，奉宗祠，无以对陟降？有丑面目，无端召殃，岂天良全无发见之时，何以如此蠢愚之极？试以吃鸦片之人，与不吃鸦片之人，大概相比，其精神孰强孰弱，其身体孰泰孰否？谁无妻子，谁无父母？不作盛世之良民，甘为丑虏之妖鬼。耗有尽之财，室家之冻馁，谁恤族无二之命，骨肉之冤痛，何堪？兹凭朝廷严令，建议村中禁约，凡我子弟倘不戒慎而吃鸦片，众人共议逐出，不许共井同乡，世世子孙，尔其戒之。是以勒碑祠内，垂戒不朽。

道光廿六年六月吉日

禁鸦片碑

【说明】

湛江雷州市北和镇潭葛村是一个古老的村庄，民风淳朴，蕴藏着浓厚的文化沉淀，书画人才辈出，被人们称为书画之村。这块禁鸦片石碑刻于清朝道光二十六年（1846 年），距今已有 170 多年的历史。碑长 138 厘米，宽 52 厘米，厚 9 厘米。通篇碑文 13 行，一共 314 字，用小楷书刻之，告诫村中男女老少要远离鸦片，否则就“逐出不许共井同乡”等内容。从这块石碑中我们可以想象，当时清政府腐败无能，鸦片对中国人毒害之深，唤起人们时刻要敲响拒绝鸦片的警钟。

遵循先祖的遗训，潭葛村世世代代，子子孙孙，人人都远离毒品，拒绝毒品，珍惜生命，重视文教。特别是近几年来，有不少学生踏进高校深造，取得了可喜的成绩，得到社会的一致好评。

遂溪县茂莲宗祠敦俗碑

奉钦加知州衔署遂溪县正堂加十级纪录十次张，为给示严禁，以维风化事。现据监生曾肇乾，族老曾子兴、仁通、尚梨、通典、兴本、必度、克匡、克灼、思习、思九、□□、有干等呈称：切朝廷设法，所以惩奸宄，而乡党立禁，即以锄嚚凌也。如生等集族鸠居此乡，以及接壤比居之邻里，向敦上古休风，共安业于光天之下。自道光年来，习俗迥异，狡诈迭生，礼教既衰，偷窃竞起。前经族老联呈请示，议立禁约明条，开列在簿。各皆父戒其子，兄勉其弟，蒸蒸然颇循上古之遗风焉。不料近几年间，世风于以日下，人心更见不齐，非貌尊长以横行，即玩官法而妄为，或借端而逞恐吓，抑为利而滋侵讹；或开场而聚赌，抑放头而吞□；或抖券以冒占，抑□捕券而强夺；或昼而盗莳业，抑黑夜而割稻谷；或窝贼以行窃，抑接赃以售私；或移尸而嫁害，抑撞命而吓财；或舞弄以构是非，抑□诳而成棍骗。种种恶习，令人发指。生等目击地方如此疮痍，民情如此浇薄，意欲悉除旧染，免坠顽暴迷途，悔革前非，同归荡平觉路，则黎民得有归厚之日，要莫外于象魏悬书所感□矣。势迫联名录词，万恳廉恩，俯顺舆情，准即给示勒石严禁，以端风俗。倘有抗违不遵，乞准捆送究治，合境戴德无涯。为此，叩赴等情到县。据此，当批准给示严禁，尚顽梗不化，仍敢妄为者，许即捆送赴县，以凭究办。在词除批揭示外，合行严禁。为此，示谕该村附近诸色人等知悉，尔等嗣后务须各安正业，耕种营生，切勿游手好闲，为匪作奸，致干罪戾。倘再不知悛改前非，及不听该父兄约束，或盗窃乡邻资财、田野禾稻、甘蔗、杂粮、竹木、花生等类者，许各该村绅耆，合保严拿，捆送赴案，以凭照例惩究，决不姑宽。如有外来匪类潜匿境内，伺窃扰害闾阎，一经查实，许即联名赴案密禀，以凭严拿，从重惩办。该保甲人等，如有包庇纵容情弊，一经访闻或被告发，定行一并严究不贷。各宜凛遵，莫违。特示。

计开禁条列后：

族内子孙，各要孝顺双亲，恭兄友弟。

禁居族殴辱尊长，欺孤辱少，乱伦背义，自作自尊。

禁出外酗酒滋事，逞凶争斗，招惹是非。

禁开窝煎煮鸦片私卖，引诱子弟。

禁开场聚赌。

禁盗取田稻，园中薯芋物业。

禁玄武二山四围村烟火，大小树木竹丛，盗行砍伐。

禁窝隐窃匪接藏赃物。

禁窝接盗窃莳稻芋豆瓜菜等物。

禁本村来龙坡葬墓，凿伤气脉风水。

禁本村四周坡草，以及沟□土围各堤苦芦竹木，不准残削。

禁盗窃牛猪家物。

禁觊觎孤寡，抖诬索诈。

禁冒移丐尸，讹索乡愚。

禁挟嫌划撞，装伤栽陷吓讹。

禁男女口角争论，持惫逞强，登门拚命，诈伤索财。

禁倚势肆横强夺强占。

禁子侄外出助势，随帮附邻，诬命搜抢，籍端恐吓。

以上各款，略举大端而责罚，并诸细务，已有祖簿载明。倘或有干者，务要遵照施行，抑或穷迫不能如例备，要勒父兄并从堂伯叔酌派缴足，不得更变缺减。至于外出招惹是非，惟累及房亲，与族众无涉。相传执为成例，此非故意苛求，只为维风俗而化奸党，蒸蒸然复诸上古之休风焉。

首事思辨、申明，成传书撰，合族同立。

咸丰己未年仲春上澣吉旦

【说明】

茂莲宗祠敦俗碑是当时各大宗族各自订立的规约之一。遂溪茂莲曾氏家族的贡生等基于对当时世风日下的现象，提请张知县同意立碑，重申族规。内称“自道光年来，习俗迥异狡诈迭生，礼教既衰，偷窃竞起。前经族老联呈请示，议立禁约明条，开列在簿。各皆父戒其子，兄勉其弟，蒸蒸然颇循上古之遗风焉。”并且开列了诸多条目，如孝顺双亲、禁赌博、禁酗酒、禁盗窃等具体事项。目标明确，内容具体、贴近民众生活实际，对于当时该族的风气应有良好的教化警示作用。

遂溪县茂莲埗朴宗祠养贤碑

尝思钟灵育秀，固天地之精英；养士尊贤，亦朝廷之盛兴。我祖系原鲁国，族甲南斗，造士之休□□在作人之雅化犹存，况上接先人，宗传一贯，示启后嗣，垂裕十章，苟非奖劝有方，何以得□□□世也。故小子有造福，赖有贤父兄，而策励人材，必需置田培养。于是合支酌议，抽祖田以养贤人，一以尽父兄教养之分，一以坚子弟读书之心意。文章入式，各登龙虎榜中，学业素优，身列凤凰池上。从此人文蔚起，因而科甲连登，是亦吾祖在天有灵，荫子孙以昌炽，为所有养贤田条遗规开列于后：

议养贤田处坑田二丘共四斗。

议养贤之田，一贤者起，固为独得。即数贤并出，亦同均分。

议养贤之田，贤者不得变卖，即祠内亦不得变卖，永为养贤之用。

议文武县府试，有能考结案者，每考赐钱五百文。

议文武府试，有能考前十名内者，每考赐钱一千文。

议县府试，有能考元案者，每考赐钱四千文。

议文武有能入学者，皆得养贤之田。

议文武有能入学者，每名赐案金钱八千文。

议文武有志赴科者，每名赐钱六千文。

议文武有能中乡试者，以后另议。

议营伍出身，自步兵以上，有能高升者，每级赐钱二千文。

议文武出身，有能得军功顶戴者，每名赐钱二千文。

议营伍出身，有能升至把总者，皆得养贤之田。

议自把总有能高升者，每级赐钱六千文。

议捐纳，有能捐从九职员者，每名赐钱二千文。

议有能捐国学者，每名赐钱四千文。

议国学有志赴乡试者，每名赐科资钱四千文。

议捐国学以上者，每名赐钱六千文。

时光绪戊寅年孟春中澣合支绅耆

孔锡模　孔钣方　孔麟迩　孔怀登　孔昭成传书撰仝立

【说明】

茂莲埗朴宗祠为孔姓宗祠，该碑之竖立主要目的在于策励人材，申明“养士尊贤”之意。在其具体规条中，规定了各种奖励机制，而且不单只是针对文士，对尚武、入伍者亦同等对待。这在当时是一种进步，对于当地尊重贤长、崇尚人文的风气应是一种极大的鼓励。

徐闻县迈陈村禁革陋规碑

盖朝廷有律令之条，乡党有禁约之法，禁约者约人心浇漓，以规和厚者也。我迈陈村自晚近以来，人心不古，村中子弟每相卒为非，或成群聚赌，或私行盗窃所有田园物产，以及家内财物被其盗窃，往往有之，揆厥由来，总因父母之教不先，故子弟之卒不仅游手好闲，不务产业，至于如此。缘此父老忧之，欲挽颓风，以成善俗，乃合众相与约议勒碑。尊老庙前，是为禁约，以垂永远，使村中子弟触儆心，革其旧习，勉为良善，以仰答生成。庶几出入相友，守望相助，道一风，同三体，可再见于今日也。禁条开列于后。

——禁行窃家财六畜等项，业经捕获，或被访闻者，合众联名送官究治。

——禁男妇偷窃田园物业，夜更拿获，每名罚钱一千文，日间每名罚钱五百文，不遵者送官究治。

——禁牛猪伤业，每只罚钱二百文，不遵者送官究治。

——禁马羊伤业，每只罚钱一百文，不遵者送官究治。

——禁村中如有开场聚赌者，一经拿获，商家及对赌者，罚钱一千六百文，抽头于本者，罚钱一千文，闲人拿获者，赏钱四百文，皆以赌家取出，不遵者送官究治。

以上数条是行法罚则入庙公费，赔则失主收领。如徇私放者，查出一并送官究治，决不姑宽。

光绪四年吉日勒碑

【说明】

禁革陋规碑立于迈陈镇迈陈下村的尊老庙内，碑额阴刻横书“禁革陋规”四字。时值清朝末年，朝廷昏聩，民风颓败，因此百姓无奈自发制定乡规民约，“欲挽颓风，以成善俗”。这禁革陋规碑文所传达的对人心浇漓、子弟不教的叹惋忧思至今仍隆然作响，是研究清末徐闻及至整个粤西地区政治状况的一份可贵资料。

徐闻县龙塘镇福居塘奉宪告示

计开贴抄禁罚规条：

——议禁名村内如有窝娼开赌，干犯名教，引诱子弟伤风败俗，公议大戏两本，若有不遵者，联名鸣究。

——议夜间盗窃甘蔗、莳、稻，获者罚入禁钱一千六百文，赏钱八百。日间盗窃者罚钱八百文，赏钱四百文。

——议偷砍树木、茅、竹，捉获者罚入钱八百，赏钱四百文，日间照例减一半。

——议送放牛车盗取木柴茶子，罚入禁钱一千文，赏钱四百文。

——议拆坏堰蝇，盗开堰水，利己伤人，害无修成，捉获者罚钱一千二百文，并收回堰蝇。

——议牛羊猪损伤物业者，每只罚钱一百文，赏钱五十文。

——议窝家藏贼并村内开洋烟馆，引诱藏盗不遵儆戒，联名送官究治。

——议捐提并罚钱算起多少，选举禁内设宴公正之人经管，在境主圣娘庙存养唱戏儆贪顽以资善。

以上各规条，验访当众公议赔罚，不得私嗦。

光绪二十六年八月初八日

【说明】

奉宪告示碑原弃在龙塘镇福居塘路边水田，现藏于徐闻县贵生书院内。碑玄武石质，高1.55米，宽42厘米，厚14厘米，碑文竖刻。

肇庆市

端州区东禺村梁氏族规

众举族正一人以辅佐族长，专司教训之权，加胙一分。族内如有事到投，若不孝、不悌、赌博等大事，即要在祠堂公处；如小故，俟时节祀祖，或朔望然后公处。总理一人，加胙□□，收贮田契、生放数目银钱，押封仓门，封锁银戥、木秤、灰印、谷斗、祠堂大门、仓门锁□，俱系所管。二造未晒，分收谷堆，俱要印号，庶无偷窃之弊，但不得收取银钱。如私收私取，不交还数母，罚其加胙。仍要置流水簿一个，收支数目与数母之簿相同，以备参考。倘有与数母通同作弊者，查出照贼倍罚。理尝数，每房举出一人，各加胙一分，递年看禾、晒谷、催收生放利息，不得懒惰偷安。屡次不到理者，罚其加胙。内要推出一人，以为数母，设流水簿一个，银钱俱要交所管，出入俱要登记，不得私瞒盗用。如有买田支用，要说知总理，验明封皮，然后开拆。倘封号不同，挪移作弊者，即用照数行罚。每年清明祭祀后，即将一年收支本、利本仓出仓谷数，算明标出，送总理核过，然后贴于祠堂，俾众观察。倘开列糊涂，总理不行稽查，必系同弊，均应倍罚。清明、冬祭，俱前一日筹祖，用仙桌三张，桌围三条，香案二副，毡五张、欑盒一个、茶酒各三盅，京时果各五品，茶食齐熟食各五碗，全猪一只，全羊一只，祝文一通。执事、大乐、小乐、大赞、引赞、司樽、司爵、财帛、读祝，族长主祭，族正副长陪祭，须要先期一日习仪，临祭方无舛错。各子孙俱衣冠，分昭穆礼筹。其羊以五钱为则，多则众补，少则出众。此轮房祭祀也。凡祭祝俱以三炮为号，初炮或各人在外，即要回家；二炮要穿衣到祠；三炮祭祀。如祭毕不到者，以未冠之胙與之，如□年不到祭者，全不與胙。基祭仪物：熟猪首一个，熟鹅一只，熟鸡一碗，熟肉四碗，共重六斤，猪下水五碗，重三斤，齐五碗，重二斤，净皮蔗五斤，鸭蛋十五个，羹饭各三碗，茶一壶，酒一壶，香一百，中烛二对，二罡宝十对，长钱足用行礼照祠堂一色，各子孙俱衣冠礼拜，祭毕有双胙，方得饮食。鸭蛋每人一个外，猪首连骨共重二十五斤，鹅一只重四斤，熟肉二十斤，下水一十三斤，酒二埕，净皮蔗三十斤。成丁到山，每人鸭蛋一个，熟食以到山照人均分。有双胙，不到亦与羊肉煮熟，将一斤与有双胙同食，余同熟食均分。以上各仪俱轮房祀主，所办务要虔诚精洁，以邀鉴享。如各物煮生出血，或下水不洁，罚生肉十斤。其肉煮生，有熟肉换过，不罚。下水不洁，有换过，亦罚，以其秽及各物也。如分生胙，以尝秤称起，如有三五分少者，则俱照数补起，仍罚生肉十斤；如一二分少者，恐跌了搭头，不罚。换过即是。始祖妣考忌辰及冬至，祀主各出钱一千文，多支系众出。以上基祭，各仪起至此，系轮房祭祀，然后如是。若众祭祀，则不在此论。未冠原不到祠，不得领胙，此亦以杜冒领之弊。若读书，逢试期不到亦与，此重读书人意也。新丁有壶盒奉祖，不到亦与。倘路远或一二岁尚在乳哺者，不到亦与，此慈幼意也。如有假冒，查出除不与外，仍罚生肉五斤。三四岁以上，不到不与。如新丁在未元宵前生，不开灯奉祖，不得领胙。元宵后生者得领。读书递年受过太祖币学、卷资、书金、路费等项；如出仕，应量捐俸薪以置义田，以广祭祀，文武一体。又将男女箴规一十六条，业经呈明姜、戴、杨三位太爷，俱批回宣谕训族。兹并勒石训诲，以垂永久。

男大十条：

孝顺父母，尊敬长者，和睦乡里，教训子孙，各安生理，毋作非为，勤力耕种，早完钱粮，忍性为高，为善最乐。

女六箴：

侍奉翁姑，尊敬丈夫，和睦婶姆，闺门谨守，夜眠早起，勤俭家务。

此十六条俱有注解，但字多难于勒石。兹将十六条目录录刊刻，其注解每逢朔望及时祭祀，在祠堂宣讲；但日间士农工贾，各勤其业，未尽周知。仍于午夜鸡鸣击铎儆众。务得人人乐善，个个循良，吾族岂不深幸耶。但各子孙有能尽十规无忝者，加胙一分；各妇女有能尽六箴无亏者，加胙一分。此家法条例，勒石永远训诲外，另书六本，每房房正各执一本，早晚教训子孙。其男女箴规一本，记过一本，族正轮流收执，时节祭祀宣讲。如有善者加胙奖赏。如过即行责罚，略轻者书于过簿，俟时节祭祀宣讲箴规家训，即令所犯人之跪于太祖案前，听讲毕然后发落。此系昭告太祖，呈明姜、戴、杨三位县主，俱蒙批准勒石宗祠在案。原非私设，皆是从轻教诲，无非欲吾族子孙孝贤，以成淳俗。自始各宜凛遵家训，入孝出悌，蹈矩循规。倘有顽抗，不遵处罚，即行送官责惩，决不徇情也。愤之勉之，犹望世世子孙，相继而行，则家声有厚赖矣。奉旨特授正八品农官、吏部候选修职郎、充通都约正、十一世孙端山顿首拜撰。

雍正九年

【说明】

东禺村梁氏族规曾立碑广而告之，该碑位于肇庆市端州区黄岗镇东禺村梁氏宗祠内，清雍正九年（1731 年）刻。碑高 1.30 米、宽 0.61 米，楷书阴刻，从右至左 31 行，满行 101 字，共 1800 余字。族人梁端山撰文。

碑文记述族长等人在族内的职责，祭祖所规定的仪式、仪物以及训诲族人的规条。其中有经当地县令批准在案并勒石于祠堂的箴规。男规有“孝顺父母，尊敬长上，和睦乡里，教训子孙，各安生理，毋作非为，勤力耕种，早完钱粮，忍性为高，为善最乐”等 10 条；女箴有“侍奉翁姑，尊敬丈夫，和睦婶姆，闺门谨守，夜眠早起，勤俭家务”等 6 条。此箴规另有注解，每逢朔望及时节祭祖，则在祠堂宣讲。碑文还订出严格的奖罚办法，其目的在于使族人能“人人乐善，个个循良”。

广宁县江屯镇河口村委会交椅村朱氏治家格言

黎明即起，洒扫庭除，要内外整洁；既昏便息，关锁门户，必亲自检点。一粥一饭，当思来处不易；半丝半缕，恒念物力维艰。宜未雨而绸缪，毋临渴而掘井。自奉必须俭约，宴客切勿留连。器具质而洁，瓦缶胜金玉；饮食约而精，园蔬胜珍馐。勿营华屋，勿谋良田。三姑六婆，实淫盗之媒；婢美妾娇，非闺房之福。僮仆勿用俊美，妻妾切忌艳妆。

祖宗虽远，祭祀不可不诚；子孙虽愚，经书不可不读。居身务期简朴，教子要有义方。勿贪意外之财，勿饮过量之酒。与肩挑贸易，勿占便宜；见穷苦亲邻，须加温恤。刻薄成家，理无久享；伦常乖舛，立见消亡。兄弟叔侄，须分多润寡；长幼内外，宜法肃词严。听妇言，乖骨肉，岂是丈夫，重货财，薄父母，不成人子！嫁女择佳婿，毋索重聘；娶媳求淑女，毋计厚奁。见富贵而生谗容者，最可耻；遇贫穷而作骄态者，贱莫甚。居家戒争讼，讼则终凶；处世戒多言，言多必失。毋恃势力而凌逼孤寡，勿贪口腹而恣杀生禽。乖僻自是，悔误必多；颓惰自甘，家道难成。狎昵恶少，久必受其累；屈志老成，急则可相依。轻听发言，安知非人之谮诉，当忍耐三思；因事相争，焉知非己之不是，须平心暗想。施惠勿念，受恩莫忘。凡事当留余地，得意不宜再往。人有喜庆，不可生妒忌心；人有祸患，不可生喜幸心。善欲人见，不是真善；恶恐人知，便是大恶。见色而起淫心，报在妻女。匿怨而用暗箭，祸延子孙。家门和顺，虽饔飧不继，亦有余欢；国课早完，即囊橐无余，自得至乐。读书志在圣贤，为官心存君国。守分安命，顺时听天。为人若此，庶乎近焉。

清顺治十年癸巳春月　朱柏庐用纯氏谨订

【说明】

江屯镇河口村委会交椅村是抗战时期革命老区自然村，有60多户300多人，朱姓族氏，以客家语言为主。建村近300年，朱家前辈留下了“治家格言”和“家规十则”文化遗产，影响了一代又一代人。

村里人薪火相传，弘扬家规良风，并紧跟形势发展需要，成立了理事会组织，制订了村规民约，从2009年开始，坚持实行大学生奖励制度、老人长寿金发放制度、春节文体活动制度、清明绿化制度、重大事情民主决策制度、卫生管理制度等，从而调动全体村民积极推进村庄治理和发展。2010年，在村前墙壁高挂醒目大字“村和为贵——忍一时风平浪静，退一步海阔天空”，以此来警示村民，倡导文明，和谐共处。

交椅村民勤劳俭朴，崇尚耕读。改革开放以来，全村共有30多人进入各类大专院校就读，其中考取重点大学和知名院校8人，中山大学和华南理工大学3人，澳洲留学1人。村中实施了奖学金制度和70岁以上长者特殊津贴发放制度。村民们热心家乡事业，每年成就一件惠民实事，近十年共筹资300多万元投入基础设施建设，彻底解决了困扰多年的水、路、电等老大难问题，并成功创建为广东省名村、广东省卫生村、广东省宜居示范村庄、肇庆市生态文明示范村、擂茶特色文化村等。全村耕地面积133亩，山地990亩，林木资源丰富，家家种龙须菜或砂糖橘等农作物，青壮年大多外出深圳、广州、佛山等地务工，有效地促进了农民生活水平的提高，农民人均可支配收入达到1.3万元。

村长向70岁以上长者派发嘉寿金

怀集县桥头镇新宁何村村规民约

一、父子兄弟之间，恩父宣笃。

二、饮食起居，皆宜节俭，勿流奢侈。

三、教子弟或耕或读，宜有长业，勿使游手好闲。

四、教子宜择严师，勿溺爱姑息。

五、每岁宜量入为出，勿使财坐致空乏。

【说明】

桥头何村一世祖何谅，贡生，字通天，官拜正八品，生于明崇祯年间，清顺治年间被保送到京师，进入国子监读书，历六年寒窗苦读，经朝考合格被充任广东三水县（今佛山市三水区）儒学正堂，现有“明经进士，儒学正堂”牌匾为证。在三水，何谅躬耕桃李达40余载。相传，他经常授课不拿教本，《四书注释》背诵如流，循循善诱，诲人不倦。他劝人以“孝悌忠信”为先，授课中提倡无神论，要求学生不敬神，不信邪；泽及四方，名享遐迩。由于何谅为官清廉，治教有方，40年来从学者达数千人，其中升取秀才、贡生者达数百人，为朝廷培养了不少栋梁，而众生也念念不忘恩泽，赠有“绛帐高风”牌匾（今遗佚）。何谅除了治学有方，治家亦有道。他亲自制定《家范条律》，要求世代遵守。例如流传下来的有“父子兄弟之间，恩父宣笃”“饮食起居，皆宜节俭，勿流奢侈”“教子弟或耕或读，宜有长业，勿使游手好闲”“教子宜择严师，勿溺爱姑息”“每岁宜量入为出，勿使财坐致空乏”等。在他的教育下，世代书香耕读传家，人才辈出，家道兴隆，堪称乡里楷模。如今这些家规已经成为何村的村规民约，村民世世代代传承和遵守着这些约定俗成的民约，祖祖辈辈用这几条规定修身齐家、教育子女。

清远市

奉宪禁打飞禽走兽碑记

盖闻天地好生，帝王爱物，凡人当体天地之心为心，则飞禽走兽，水族生物，莫不爱生而恶死者也。我邑藏霞洞诸善长，不借巨金放生，群物走兽，飞禽鲤鱼沙鳖，无论价钱高低，见无不买而放之。但恐诸善长放以遂其生，而各渔猎之人以专取其利，岂不大负诸善长者之美意哉！爰会官绅妥筹保护，自今以后，议定藏霞洞本山，上至□□坑为界，下至南蛇坑为界，前至海中心为界，后至山顶为界，系藏霞洞放生之所。各渔猎人等，不准在此取求，以体天地好生之德，亦当共发慈悲之心，同相劝勉，仰成善举，不可违抗。如敢违抗，指名禀官究治，勿谓言之不先也。谨此泐石以闻。

光绪甲辰三十年冬月阖邑官绅商民等同启

【说明】

清代《奉宪禁打飞禽走兽碑记》在清远飞霞山名胜风景区内，清光绪三十年（1904 年）立，至今保存完好。所谓奉宪勒石，就是根据法律刻写的碑文。该碑记记录了当时的禁渔禁猎范围，以及违反者将受到的惩罚，体现了当时北江沿岸渔民自觉保护野生动物、保护自然环境的良好意识。

揭阳市

揭西县钱坑镇乡规民约

开赦老数条约

窃思孟尝焚券，千古共仰；高风□□助□，奕世流传。美誉乎！情关桑梓，尤宜格外施恩；谊切同胞，更当大加体恤。

吾族自开创以来，人口蕃盛，贫富不齐，称贷难免，积年累月，遗欠繁多，清还无力，进退维艰，势不得拖，逃往外洋。却或获利回家，债主催讨，子母推算，实难抵偿，捆载荣归，化为乌有，致使外洋旅客不敢回乡，贻损宗族，何可胜言！每念及此，能不伤悲乎？吾辈要为宗族谋治安之策，立善后之规。于是鸠集族内绅耆，开会公议，磋商善法，明立章程，泐石竖碑，以昭公道，如垂不朽。倘有玩法不遵，公理难容。将见洋商富客，衣锦回归；而俗美风醇，日臻富庶，岂非吾族之光荣哉！

议立章程，开列于左：

一议明，过洋之人，如先人遗欠老数者，众议一母一利，以清数目，债主不得多索。如有田园厝屋交连，□□□□……

一议明，亲手交连，不论拖欠多寡，以十年为限；未满十年者，母利如算，若无力清还者，向债主□□□□……；如至年久未还者，以十年合结，若干只加一半，不准周年合算；如十年至十五年，亦如十年合结。

民国十五年五月乡众同立

谷诒堂规条

合房为均收输，以保和气事，溯我祖五世以及十世，历代俱有祭，派下各耕作或粮或质，由来无异。但梳有大小，收者或启增盖兹端粟有精粗，输者不无好歹之辨。若不立定成规，必至相抵牾，有生口舌。

兹酌定大梳以鲤湖埠米斗，每梳三十八筒，小梳三十五筒。其粟务要付收者用风车较净，许输者自己平梳员盖。大冬以六分为准，下年早冬补足。

至于质，系该房已业佃有移易租，系质主包收，必须听值年之人当面较净，毋敢异言。梳之大小分数如上。

若供饨税米税鸡亦凭值年者收取。遵此而行，相视莫逆，则和气长存而祥可立致矣！爰勒石堂右，以垂永远。

洁祖祭租有限，大梳原五十筒，后来如有包收者，酌定每梳四十五筒（里湖筒），飓净输纳。

一议祠堂以净洁为先，栅门锁匙交付值年收执，惟朔望进香及冠昏丧祭事，方可出入。除此外，如私设锁匙擅开者，即值年是问，并加责罚。

一议祠堂内外当收获之候，早自夏至起至立秋止，晚自立冬起至大雪止，从权暂许披晒粟石，若草稿杂物不许安置。除此，一切禁止，以杜敷端。并祠中祭器桌凳除公事外，不许私用。如违议罚。

嘉庆五年岁次庚申八月谷旦房众同立

钱西众乡规

缘起：

缘年来，乡中盗买盗卖蒸业层出不穷，致祀事多辍风俗有乖，实为我乡之莫大憾事。敝等为主持正义，振刷颓风，经集众立约，共同遵守并昭告谷诒堂历代祖考妣，以示真诚俾风淳化洽、义立理阐焉。

章程：

一、嗣后不得盗买盗卖蒸业，犯者经证实后，买者应将该田归回原主，并取销契价；卖者除追回契价充公外，另由乡众严罚。

二、如因公共正当用途须典卖蒸业者，必由该祖派每户一人齐向乡众陈明事由，经查确系公意后，由各绅耆签名证实始生效力。

三、私人不论负何项债款——借贷赌博或其他债务——均不得将其所有已份各代祖蒸业强迫为抵押或清偿。

四、本章程如有违背者由乡众执行处理。

民国卅三年甲申八月六日吉旦立

衍爵公祠管理规定

——议祠内惟冠昏喜事及延师教读，方许居住，来往余事不得至祠混杂；

——议祠内祭器床椅惟付与值年者收管，俱不许堆积大小家用物件及草木污秽粪土等物，违者定行革出；

——议祠内不许开场设赌，及内外匪徒居住来往，违者议罚。

【说明】

钱坑镇位于揭西县东南部，面积46.3117平方公里。辖1个社区居民委员会，13个村民委员会，65个自然村。户籍人口4万多人，大部分为同宗林姓。该镇至今仍然保存着一些古老的乡规民约。

民国十五年（1926年），南山公后裔立《开赦老数条约》，刻碑竖于揭阳榕城南山公祠右巷巷口，今存放于公祠左巷。碑地上部分高1.9米，宽0.7米，厚0.2米；地下部分长0.2米。

清嘉庆庚申（1800年）八月，钱西谷诒堂裔孙订立《谷诒堂规条》，刻碑建于钱西敦确公祠内右走廊之墙壁。

民国甲申八月（1944年），钱西人立《钱西众乡规》，勒石建于钱西敦确公祠内右走廊之墙壁。

清道光十五年（1835年），衍爵公裔孙为管理好在月翁村老翁寨衍爵公祠，议出如下规定，写在《衍爵公祠管理规定》中。

普宁市真君古庙乡规禁约

真君积年全金；一禁鸭只竹篗；一禁牛只盗挩稻谷；一禁罾网粮租塘堀；上元水陆工钱无偿。

万历二十八年会首同佥张国裕、许元、黄广等建

【说明】

揭阳普宁市燎原泥沟乡的真君古庙，始建于明宣德年间（1426—1435年），初位于老寨南门外，坐北向南；约于明万历元年（1573年），迁建至老寨北门内，坐东朝西。庙中奉祀有真君保生大帝许逊、木坑圣王介子推、神农氏、注生娘、大王爷、指挥使等诸神，是乡中的地头神庙，是旧时乡民日常农耕生产之外，较为主要的活动场所。

在这庙中，有两方明清时期的禁约碑，一是《乡规禁约》。碑大概30厘米阔，1.5米长，其上所刻文字不多，仅59字。这方石碑有两条乡规，三条禁约。所谓“真君积年全金”，指的是真君古庙历年积累所存香油钱或其他香客捐献等，均用于诸神的重妆金身，这是乡规之一。三条禁约中，前两条是关于每家每户的家畜、农作物不准偷盗与破坏，属于警戒小偷小摸一类，第三条则是公家产业即祠庙所属的鱼塘不准偷盗。最后一条也是乡规，讲的是全乡性的两个民俗活动，上元灯会即春节游神活动、下元七月半的施孤水陆法会进行时，协助活动的乡民均视为义工，照规无有工钱补贴，此二俗今存今同。万历二十八年（1600年），这离先祖自闽漳下潮来置泥沟寨已是三百多年后；会首是指宗族房派的头人、代

乡规禁约碑

表，是族长耆老乡绅一类有名望的人物，这也可知，是时乡中主要的姓氏有张、许、黄。

这方石碑上的内容、功用及其所在地，显示出了真君古庙在乡中的地位及其重要性，又可推知此处亦是乡人旧时的日常活动场所之一。

普宁市后溪乡坑楼村乡规民约

孝父母。勤劳之恩，昊天罔极，为人子者万一难报。不论贫富宜随分尽职，毋蹈世俗不孝之，敢有悖逆天亲者，房长房副报明族长并访其父母，如果情真，立捉祖祠重责。如不遵者，合族禀明县主究治。

敬家长。兄弟至亲，枝共根生也，岂可听妇言而疏骨肉？若兄弟妻子合，是尽弟即以尽孝。倘有逆忤天伦，许投族当祠责罚。

敦族谊。族众丁繁，亲疏不一，自祖视之，均是一脉。宁厚毋薄，宁亲毋疏，倘若小怨而成仇恨，小忿而废亲，是失亲亲之谊也。如有不平事情，许本人投明房长理处解和，庶不敢取笑与外戚。

教子弟。族三大房子弟聪明颖异，可为造就者不少。宜每岁延请名师教育成人。俾为子弟可以着鞭励志，孟子曰："中也，养才也，养才，其此之谓舆。"

立会课。凡子弟闭户穷经，尤必乐勤敬业，以相砥砺。每岁在祖祠会考，尽一日之长，送宿儒品次高下，以示劝勉，庶学力精进，而人文辈出。

输国课。国家粮饷务要早完。无论始祖私祖粮米，俱宜急公奉上，倘催征不前，势必严拘以致贻累族中，大非美事。

禁灭祭。自始祖以及各房私祖之承当系祖公血食，为祠祖与坟墓祭费所出，若有余，宜多置田业，不得分拆。偿有私心要分拆祖公血食者，通传合族鸣官究治。

禁健讼。凡有事要鸣官者，宜先投明房族处理，若不明白，方许告官。如有不经房族即诉公庭者，是自见理非先发制人，以族法处治。

禁灭伦。禽兽之行，上辱祖宗，下辱族党。果有实据，告明祖宗，当祠逐出外境，永不归宗。若有刁抗不遵者，送官治罪。

禁赌博。赌乃败家为盗之源。上宪严禁，各宜安分。勤俭治家，方为肖子，若有聚赌者，一经捉获，当祠责罚示戒，如抗擅反坐，送官究治。

禁行凶。偶有小故而即斗殴者，未论其是非，先究起手，当祠责罚示戒。

禁盗贼。我后溪族称仁里，宵小潜迹，本为王化之乡。但今日族盗倍繁于昔日，恐有三鼠窃狗盗亦未可知，宜遵守家训。倘有妄为者，一经发觉，捉在祖祠责罚，违者送官究治。

【说明】

坑楼村位于普宁市后溪乡，离市区60.8公里，由业田、坑背楼、洋坑肚、石角、东山5个自然村组成，人口约2074人。全村姓钟，文化祠堂一座。经济收入主要是外出经商务工收入和水果收入。近年林业有新发展，辖区内有水电站1家、腌制厂1家、小学1所。

该村乡规民约是乾隆九年（1744年）甲子岁钟明桂所做族训演绎至今。根据《后溪钟宗世系》记载："古者家有塾，党有庠，州有序，国有学，所以育人才而化民俗也。我祖遗设家训，冀后嗣光前而裕后，夫独非为化成计哉。但昔人忠厚尚存，家法虽宽而皆循孝友，今则奕叶云礽散处，刽垂人情，谅亦不一，即我后溪祖遗下其中德义，广书香绍闻不无荣光。"

云浮市

罗定市五街众议挑货各款规条

窃维事出公平，人情允洽，势成强党，滥索谁堪。以我罗城，前临大江，舟楫通津，往来络绎，惟起卸挑担，雇倩需人，而党羽弊多，码头措阻，抽分扰累闹事，辄地方因认不靖，兹合属绅班既来商，各号联名上吁，蒙仁宪公祖大人弊习剔除，特颁严示，以肃城途。酌定工价，使物有轻重，路有远近，多寡适宜，均为公量妥议，经宪准行。兹合奉示勒石，以彰德政，再列价式，永依成例，人得食力，我便往来，即太平之福矣，是为引。

——议行内挑夫承挑五街货物，兹经酌定工脚，刻刷榜列，历夕相安，毋庸更改。嗣后永远周年照式支给，不得藉称十月初一，十二月十五为旺月，及早夜雨水等情，额外索增。

——议货物到埠，一经货主雇倩，该行挑夫即要登时挑运，不得迟留阻滞。挑货到铺，务要妥为安放，毋许任意。

——议挑夫承挑各铺货物，如走迁抽窃及碰跌损坏等弊，即照原价著挑夫通行赔足。

——议上落稻谷豆麦花生果料等货，应插筹标，俱着挑夫自行记插，遇有误插双筹，及漏插未插筹等件，毋许挑夫擅行滥取，以免□□吞骗。

——议挑夫原由货主任便雇请，且有工钱支给，前有各头钱船头各筹弊，概行禁除，毋许挑夫往抽取分毫颗粒，以杜争端。

——议买卖各石花等项，应用站秤，悉凭买卖客人经手较合，务要两家平准，不得委任他人，以昭公允。

——议行内挑夫人数既多，性情不一，必须酌立晓事之人，或四名，或六合为行长，遇有挑运，以便知会。

——议行内挑夫倘有贪奸凶顽等弊，即要公众逐出，永不得搀挑货物，以免滋事酿祸。

——议上落货物，任从各客随宜湾泊步头，毋得勒远多求、执拗等情。

——议五街挑货牌签，原为挑夫停挑强勒而设，如遇有此情弊，即行知会携牌签□□头帮挑。

——议递年值理于酬□□□□神日，即给规条，每店一张粘贴，以为定式。

道光二十五年　月　日　五街公启

【说明】

该规条对挑夫及挑货事宜做了各种规范和限制，在货运快递频繁的当下，相信对此业的管理者和从业者也不乏启发借鉴意义。

下卷

现代公约

广州市

海珠区石溪村

【乡村概况】

石溪之名的由来有个传说，相传当年山贼正讨论到哪儿打劫，山贼老大说“去石头村”。石溪当时并无名字，因那村庄石头较多则被称为“石头村”。这里的“石头村”后改为当今广州海珠区的石溪，沿用至今。

石溪分为几个生产社，北面是居住地，南边则是工业区。另外最南处有一小岛名丫髻沙，以农业为主。石溪每年过年前约一月期间，在“富全街”都会有一次大规模的花市。花市期间两边都分成各种小摊位，让花农投标进驻。大多为“年吉”“花”“新年用品（如对联）”等。花市期间禁止一切车辆进入花市。晚上，花市空中有各种七彩的灯光，可谓壮观。

石溪村牌坊

石溪端午节向来有划龙船的习惯，每一位参与划龙船的朋友都会发放礼物（饼、饮料）。同时也有不少村庄派来龙船进驻石溪，以示友好。

【乡规民约】

移风易俗，破除迷信。

尊老爱幼，家庭邻里和睦，弘扬中华民族传统美德。

【文明风尚】

1987年，随着石溪地区进入城市开发阶段，该地区部分村民还存在与现代社会不相符的生活方式，个别村民甚至迷信思想根深蒂固。同时，随着物质生活越来越好，个别家庭、邻居因为物质分配问题产生矛盾，影响家庭和谐、邻里关系。针对这样的问题，石溪村制定了《石溪村民委员会村规民约》，引导村民适应新时代发展，保持良好的精神风貌。

在这村规民约的引导下，石溪地区不良习俗、封建迷信现象不断减少，家庭矛盾、邻里纠纷逐年减少。石溪村精神文明建设成果丰硕。石溪村1997年荣获广州市文明村标兵，1999年和2004年两次荣获市级文明单位，2001年荣获广东省文明村。

天河区车陂村

【乡村概况】

车陂别名龙溪，在广州城区东郊、中山大道与黄埔大道之间，属东圃镇。南宋建村，村内有一小溪源于龙眼洞，因名龙溪。又因村属车陂堡，明代称车陂乡，现为车陂村。

车陂街道办事处于1981年成立，辖区行政总面积5.6平方公里，总人口约7.6万人（其中户籍人口约2.5万人，流动人口约5.1万人）与11个社区居委会。

车陂村龙舟赛

车陂村梁氏祠堂

车陂是广州的千年古村，民风淳朴，有宗祠姓氏9个，长此以往，村内普遍按照各自宗祠家规、家训约束自己的行为，“公约”由村民自行制定，共同遵守。

【乡规民约】

天河区车陂村乡规民约

车陂村，是福地，你我他，要爱惜；
爱祖国，爱集体，跟党走，守法纪；
讲文明，有礼貌，立新风，树正气；

有困难，互相帮，讲和谐，创业绩；
讲卫生，爱环境，不乱摆，有秩序；
屋出租，要备案，常巡查，有登记；
五类车，没保障，要安全，人人拒；
建房子，先报批，不乱建，守规矩；
做买卖，讲诚信，不赌博，无劣迹；
黑宽带，拒自拉，用水电，不违纪；
消防道，要通畅，三合一，严打击；
黄赌毒，要远离，安全法，要牢记；
此条约，方字立，共维护，齐受益。

【文明风尚】

车陂村在打造“干净，整洁，平安，有序”工作中，为提高居民整体素质，实现自我教育、自我管理的宗旨，在不破坏原有民俗民风，尊重居民宗教信仰的基础上，出台了一个新的、符合时代要求的《车陂村规民约》。村规民约从初始的口耳相传，继而发展成为约定俗成的文本。

车陂辖内有近万人口的广氮社区和车陂经济发展有限公司（原车陂），主要机关事业单位有车陂街道办事处、车陂街社区服务中心、车陂街文化站、车陂街出租屋管理服务中心、车陂街消毒站、车陂街市容环境卫生管理站，主要大型商场有东圃供销社商场、东圃购物中心、摩登商业城、美华超市、港湾超市等，同时还有众多教育、文化、娱乐和医疗卫生单位，如天翔职中、广东省培英职业技术中学等中专院校以及天河区红十字会医院、暨大附属第一医院东圃分院、广州家家乐康复医院、广特医疗门诊部等医疗机构，还有广州市十八中、玛莎女子实验学校等 3 所中学、8 所小学及天河广场、美好居、汇友苑、旭景家园等多个住宅小区。街内环境优美，有车陂公园、沙美公园及晴川苏公祠、石狮山鹿泉苏公泉等文物保护单位。

增城区蒙花布村

【乡村概况】

蒙花布村坐落于增城区正果圩镇北部的群山之中，距圩镇约 3 公里，已经有 200 多年的历史。这条村当时由于芒草遍开像一条美丽的布带，因此得名蒙花布村，后来因其大片的金黄色沙滩引人注目，又称黄沙坝。如今村常住人口约 300 人。

蒙花布村流传着这样一首民谣："黄沙坝又有蔗又有糖，又有蔗棍敲头那，又有黄豆打缺牙，又有芝麻捆糍粑，又有大米喂猪娃。"历史上，黄沙坝村曾有两家糖厂，透过这首民谣，足见当时的黄沙坝物产丰富，美丽富饶。

该村四面重山叠翠，满目青绿，竹林、荔枝、龙眼、枇杷、芒果、香蕉等果树荫连村绕，郁郁葱葱。这里生态环境极其优美，其极负盛名的是几百年树龄的古榄林和细说着蒙花布历史的碧水银滩。

【乡规民约】

干净

地面干净无垃圾，厕所打扫要及时，
室内室外无蚊蝇，粪便处理要适宜，
畜禽圈养无乱放，"十不"规定要牢记①，
张贴有位无涂鸦，环境卫生要保持。

整洁

住宅建筑要规划，万家旅舍规范化，
施工污水要掌控，因地制宜要美化，

① "十不"：不乱拉挂；不乱张贴；不乱涂画；不乱堆放；不乱停放；不乱摆卖；不乱摘花；不踩草坪；不随地吐痰；不让禽畜乱窜。

蒙花布村榄林

蒙花布村沙滩

色彩协调要吻合，物品摆置整洁化，
房屋外墙要粉刷，迎客之道便利化。

平安
邻里守望居家安，生意兴隆诚与信，
消防健全用电安，饮食安全凭良心，
游玩适度身心安，明德守法讲规矩，
文明出行交通安，勤俭节约能持家。

有序
老幼有序伦理清，蒙蒙山水好风景，
和气生财仁爱平，花花丛中靓心情，
礼让三分道路畅，布施行善你我他①，
稳步渐进好行船，共享和谐千万家。

【文明风尚】

随着美丽乡村建设的发展，蒙花布村结合实际，完善了《蒙花布村村民公约》。近年来，蒙花布村陆续被评为广东省生态环保示范村、广东省文明村、广州市文明村及广州市级第二批美丽乡村建设试点村等。该村大力发展乡村生态游，取得了不错的社会效益和经济效益。随着增城区委、区政府着力营造“干净、整洁、平安、有序”的城市环境，为进一步加大

① 蒙花布村纯姓高，祖训为：“欲高门第须行善，要好儿孙必读书。”村人均乐善好施。

宣传教育力度，让创建干净整洁平安有序环境的观念深入人心，蒙花布村特制定了“文明村民文明客，共同营造美丽村”的乡规民约，村民和游客共同遵守，共建共享绿色发展的生态和人文环境。

该乡规民约有较好的历史传统，有深厚的社会基础。蒙花布村是生态旅游村庄，也是增城区万家旅舍建设示范村。蒙花布村的乡规民约旨在保护环境、推动绿色发展，具有传承乡土文化、调控乡土社会秩序的作用。

深圳市

龙岗区龙城街道五联社区

【社区概况】

五联社区位于龙城街道西北部，西接东莞市清溪镇、凤岗镇，北连惠州市惠阳区南坑村，辖区总面积32.5平方公里。全社区有14个居民小组（瓦窑坑、协平、竹头背、岭背坑、中坑、黄龙湖、将军帽、朱古石、百坳、上寮、下寮、上吓山、杉坑、蕉湖），总人口约3.15万人。

社区以传统客家文化为内涵，以争创“广东省宜居社区”为契机，弘扬时代新风尚，营造文明的社区氛围。公约融汇了客家人勤劳文明的美德，致力于提升居民文明素养。社区制定此公约后，文明观念深入人心。目前，社区每年都开展文明宣传活动，群众参与热情也日益高涨，人人都在为创造文明和谐宜居的五联贡献自己的一份力量。

社区客家山歌队

社区青山年舞麒麟队

【乡规民约】

五联社区乡规民约

爱五联爱我家，文明创建靠大家；
讲文明树新风，家园意识在心中；
讲秩序守法纪，社会公德要牢记；
爱科学反迷信，文明素质强自身；
扶老幼助贫弱，真情关爱人人乐；
家庭和邻里亲，宽人律己有诚心；
语言美行为端，为人处事显风范；
不鸣笛不乱停，出行驾车讲文明；
养宠物守规定，不扰他人都高兴；
不乱贴不乱挂，窗明几净美如画；
不乱搭不乱建，净畅环境做贡献；
不乱吐不乱抛，卫生安全环境好；
夜娱乐晨锻炼，声小音轻邻里赞；

发短信游网络，信息文明要把握；
惜绿草爱红花，绿化社区美我家；
你牢记我铭心，你我争做文明人。

【社区故事】

“尊老爱幼新风尚，坐车让座敬老人……”以山歌传承历史，以山歌传递文明是龙岗客家山歌王巫云瑞70多年的人生写照。客家山歌是客家人世代流传的独特文化，山歌曲调相对固定，歌词却是信手拈来，内容往往诙谐有趣，展现了客家人的乐观和智慧，是龙岗众多民间优秀传统文化中一颗璀璨的明珠。

1952年，9岁的巫云瑞跟随父母从马来西亚辗转回到龙岗，住进了五联七星世居。从小受到妈妈唱山歌的影响，巫云瑞也开始学习各种唱法。20世纪90年代起，年轻人接触的现代文化越来越多，了解客家山歌的人越来越少，还在平岗中学任教的巫云瑞突然意识到：身边唱山歌的人渐渐没有了，龙岗榕树头的“山歌会”也不再年年举办了，长此以往，客家山歌可能会失传。从那时起，巫云瑞就开始搜集、整理、自创山歌，并言传身教，利用课余时间教孩子们学习山歌。2005年退休后，借着与巫氏一族联络往来的契机，巫云瑞在走访粤东地区和香港等地的同时，开始了山歌交流活动，收集客家山歌词曲，并抄写成小册子，将保护客家山歌的使命作为毕生的事业而奋斗。

如今，70多岁的巫云瑞还在用山歌传承着文明。他热爱山歌，更热爱他世代居住的这片土地、这里的人们。每天早晨，他都带着一些年长的山歌队员在五联公园演练。他们恪守社区文明公约，不用扩音器，避开清晨休息时间，只用简单的乐器，学习山歌谱曲、填词、演唱，从未对周边居民造成干扰。到了下午，利用社区四点半课堂，巫云瑞又开始教授对山歌感兴趣的小孩，通过学习，让学生们了解客家历史，传承客家文化遗产。

通过客家山歌传唱千年记忆，我们能够看到龙岗人勤劳质朴、聪慧友爱的文明美德，也能看到龙岗生活的点滴，更能看到龙岗人的精气神。

龙岗区坂田街道四季花城社区

【社区概况】

四季花城社区是深圳市龙岗区坂田街道的一个大型城市化社区，占地37万平方米，总户数4895户，居民约1.8万人，来自全国各省、市、自治区。近年来，四季花城社区始终坚持以党建为龙头、以社区管理为基础、以文明创建为平台、以服务居民为核心，不断创新以党建带群建促社建“一核多元”共建模式，大力开展以践行社会主义核心价值观为内核的精神文明建设，持续掀起社区志愿服务热潮，让来自天南地北的人群和乐共融。目前，社区已有注册义工1800多人，常年参加志愿服务420余人，市五星级义工77人。成立了党员志愿者、青年志愿者、学生志愿者等社区志愿服务队，并开展“奶奶厨房帮”、“文明先锋队”、“益力多”暖心服务队、小学生关爱空巢老人、“冬日暖阳”、“爱心餐桌”等志愿服务特色项目。

社区美食交流活动

四季花城社区乡规民约

社区公德

爱祖国　爱家园　遵法纪　做模范

讲道德　振精神　公有物　惜如金

邻里互助

扶危难　济贫困　助公益　献爱心

敬远亲　睦近邻　送玫瑰　有余馨

家庭美德

弟子规　要扎根　和家庭　谐公民

夫妻好　恩爱深　老少乐　阖家亲

个人修养

严律己　宽待人　知荣辱　重诚信

讲好话　存好心　行好事　做好人

环境保护

废弃物　莫乱扔　山锦绣　水清明

草木茂　花卉红　美环境　怡心灵

青春大运

重安全　讲文明　迎大运　树新风

四海客　五洲朋　聚深圳　喜盈盈

实施公约

守公约　除陋习　升文明　提素质

净性灵　贵坚持　重实践　从我始

社区邻里节活动

【文明风尚】

四季花城社区文明公约是 2011 年由四季花城居委会、业主代表和物业管理处共同协商制定的，文明公约由社区公德、邻里互助、家庭美德、个人修养、环境保护、青春大运、实施公约等 7 个部分组成。

在践行社会主义核心价值观的进程中，社区文明公约是民主化基层社会治理的一条重要途径，是解决当前社区治理难题的一条有效途径，为居民的公共参与提供了一个制度化载体。乡规民约是依照法治精神，适应居民自治的要求，由共居同一社区的居民在生产、生活中根据风俗和现实共同约定、共信共行的自我约束规范，它已成为居民自治制度化、规范化的形式而存在。

【社区故事】

奶奶厨房帮

奶奶厨房帮主要由社区 30 多名爱好厨艺的退休党员志愿者和奶奶义工构成。新闻媒体这样描述她们：“有这样一拨客人，她们反客为主，一到主人家便直奔厨房，施展十八般厨艺，煎炸烹蒸样样拿手，一时间炊烟袅袅；端菜上桌，色香味俱全，让人垂涎欲滴。是的，这帮奶奶义工们，颇为爱好厨艺，又有一副热心肠，积极为社区的空巢老人、老弱病残老人等提供帮助。”

鉴于四季花城社区老人较多，奶奶厨房帮由此展开仔细排查，对10多户空巢老人开展了点对点的服务，包括帮助行动不便、不擅厨艺的老人买菜做饭，为患病体弱的老人制订膳食计划等；针对空巢老人社会活动不多、精神生活单调的现状，还上门进行情感沟通和心理抚慰，帮助他们找回生活的乐趣。早在2009年，50多岁的黄雪红在社区表演时意外摔了一跤，刚开始觉得没什么，但过了几天发现腿部越来越疼，几乎走不了路。社区工作站的义工知道后，马上为黄雪红送来拐杖，并且还让其他义工定时过来看护老人的起居生活。这里面经常有一群热心的义工，专门为黄雪红老人买菜做饭，这群人就来自奶奶厨房帮。再有，84岁高龄的马奶奶腿脚不灵便，奶奶厨房帮安排人手轮番照顾。时间久了，每次去马奶奶家，老人就会情不自禁地上来拥抱她们。梁进老人得了胃病，在焦急中向奶奶厨房帮求助，奶奶厨房帮不仅马上给她做饭，还陪她聊天，给她买药。考虑到她是北方人爱吃面食，还包了很多饺子方便她自己煮着吃。

奶奶厨房帮活跃在社区的各个角落，不仅仅局限于厨房里忙碌，她们是帮人、做菜两不误。

一开始奶奶厨房帮以老人为主，后来发展到青年义工也有，她们过来除了可以帮助社区居民之外，还可以从中学习怎么做菜，所以这个队伍现在越来越壮大，逐渐发展成为一帮爱好厨艺又热心公益活动的老年人义工和青年中心的青年志愿者组成的关爱活动团体，她们为社区的空巢老人、老弱病残结成“一帮一”对子，为他们提供清洁卫生、买菜做饭等帮扶工作，受大家欢迎之余，她们用行动很好地阐述了社区公约的内涵，邻里关爱、真诚守望的关爱互助氛围，无处不彰显文明的力量。

珠海市

香洲区前山街道春晖社区

【社区概况】

珠海春晖社区位于前山街道西北部，面积约 2 平方公里，辖区内有 9 个住宅小区、90 多家行政企事业单位，常住人口 9600 多人，是一个环境优美、书香满园的新型社区。

春晖社区处处洋溢着文明、和谐；各处鸟语花香、整洁有序；社区文体活动中心集舞蹈厅、棋牌室、书画创作室、儿童活动室于一体，居民每天在这里休闲娱乐、增进友谊；各社区义工队和楼长巡逻队尽职尽责，各种公益活动、志愿活动不断；居民议事，大事小事居民都参与。

居委会结合自身实际，以“创建全国文明城市”活动为契机，广泛开

社区老年舞蹈队演出

社区活动中儿童即兴作画

展以创建文明单位活动为主要载体的群众性精神文明创建活动，实现了“社区是我家，建设靠大家”的理念。在中央文明委评定公布的第四届全国文明城市（区）、文明村镇、文明单位名单中，春晖社区居委会获“全国文明单位”称号。

【社区公约】

春晖社区居民公约

为弘扬社会主义核心价值观，强化居民自治，保障居民合法权益，从而提高社区文明程度和居民的幸福感，春晖社区通过前期大量地征求意见，坚持以解决实际问题为主线，将居民群众关心的问题经过认真梳理归纳总结，最后统一意见，制定了《春晖社区居民公约》。

（一）崇尚道德，爱国守法，明礼诚信，团结友善
（二）居民自治，献计献策，共同管理，共建社区
（三）书画文娱，强身健体，陶冶情操，反对邪教
（四）公共绿地，自觉爱护，栽树种花，遵规守矩
（五）礼貌让行，规范停车，维护公德，摒弃陋习
（六）尊重劳动，和谐共建，邻里团结，互帮互爱

（七）计划生育，晚婚晚育，敬老爱幼，家庭和睦
（八）富饶自强，民主自治，文明礼让，和谐幸福
（九）安居乐业，平等互利，正直公平，正身明法
（十）爱国如家，敬业守法，诚信为先，待人友善

斗门区夏村

【乡村概况】

地处珠海边陲的夏村村有户籍人口930人，流动人口2800人。该村在过去7年中有4年获评“广东省、珠海市生态文明示范村”，2012年成为珠海市首批幸福村居示范村，2014年获评省文明村，2015年又获得“全国文明村”荣誉。

在创建文明村居中，夏村村制定了村规民约，其内容包括黄氏祖训（全村属黄氏）、村民守则、本村规约、治安处罚、年终福利事业分配、粮食补贴款发放制度、财务审计制度、廉政制度，经夏村党员和村民代表在2005年7月17日会议以及2008年6月3日会议修改通过，由村委会组织实施，村民代表会议监督执行。

夏村

夏村村民守则

爱国守法是根基，真心拥护共产党；
党的组织是核心，干部为民是立场；
勤劳致富古有训，共同致富前程广；
村民自治道理明，公益事业大家商；
村务财务须公开，规范管理应有方；
陈规陋习要摒弃，诚信知礼美德扬；
崇尚科学重教育，移风易俗好风尚；
婚姻自由受保护，计划生育农业旺；
虐待遗弃法不允，家庭美满幸福长；
尊老爱幼乐融融，邻里和睦喜洋洋；
互帮互助人心齐，扶贫济困人赞扬；
逞霸斗狠自羞耻，矛盾纷争多谦让；
贪占偷窃法追究，赌博吸毒遭祸殃；
文化娱乐常开展，文明村户要争当；
村容村貌要整洁，居家环境保健康；
绿化美化讲卫生，环保生态万年长；
稳定发展是大计，平安和谐心舒畅；
村规民约定遵行，同守共勉建夏村。[①]

① 夏村村规民约是在广泛征集本村村民意见基础上，由村民代表会议讨论通过后作为全村村民的行为规范，无论干部、群众都必须严格遵守。夏村村规民约的制定，既体现了社会主义核心价值观，也体现了在国家法律、政策范围前提下进行的民主决策、民主管理和民主监督原则，实行了村民自我管理、自我教育、自我服务。

汕头市

金平区金厦街道百合园社区

【社区概况】

金厦街道百合园社区位于汕头市北区中心地带，始建于20世纪80年代末，辖区面积0.12平方公里，现有楼房52幢，居民1333多户，常住人口4796人，社区内配套建设的百合园文化广场占地约3000平方米。

百合园社区居民委员会作为城市基层群众性自治组织，在实行自我管理、自我教育、自我服务的同时，结合社区自身实际，近年来积极制定完善社区各项管理制度，其中的《百合园社区居民公约》集中反映了社会群众的共同利益和传统的美德，有利于倡导良好的社会风气，大力培育和践行社会主义核心价值观，弘扬中华优秀传统文化，让精神文明建设工作融入百姓生活，使社会主义核心价值观成为人们日常工作生活的基本遵循。推行社区居民公约以来，社区管理出现了可喜的变化，现在的百合园社区绿树成荫，道路整洁，环境幽雅，群众安居乐业。

【乡规民约】

（一）要遵守国家法律法规，不违背社会公德。

（二）要遵守社区各项规章，不扰乱社区秩序。

（三）要爱护公共财产，不破坏公共设施。

（四）要绿化美化家园，不践踏花草绿地。

（五）要保持环境卫生，不乱摆乱放，乱堆乱扔垃圾。

（六）要维护社区治安，不打架斗殴、酗酒闹事。

（七）要参与文娱活动，不制假贩黄、吸毒赌博。

（八）要提倡移风易俗，不搞铺张浪费、陈规陋习。

（九）要开展居民互助，不虐待遗弃“病残老幼孤”。

（十）要搞好计划生育，不早婚超生、非婚生育。

【文明风尚】

百合园社区是汕头市文明社区创建的一面旗帜，是社区建设的排头兵。近年来，积极推进“社区六个一工程”建设，抓好文体活动中心、老人服务中心、综治信访维稳工作站、社区文化广场广场建设，建立社会组织服务站等方面。发挥示范点的先进、排头兵作用，结合社区工作的不同特点和服务对象的不同需求，拓展和创新为民服务项目，打造规范化程度高、群众满意度高、社会知名度高的为民服务品牌。

潮南区陇田镇华瑶社区

【乡村概况】

为继承和弘扬中华民族传统美德，创新发展乡村文化，推动社会主义核心价值观融入社会治理和日常生活，华瑶社区2008年制定通过了一系列乡规民约，全称为《潮南区陇田镇华瑶社区居民自治章程》。该章程经社区全体干部和群众代表反复讨论多次修改最终形成，共七章，总41页，附有18项相关制度及1则公约。其中，包含“十标准、五严禁、五提倡”的《村民文明礼貌公约》结构清晰，内容详细，语言通俗易懂，具备权威性和可操作性，得到群众的广泛认同。

华瑶社区的乡规民约在制定过程中，紧紧围绕社会主义核心价值观的要求，充分发挥了群众自治精神，使人获得了平等和自由、公益和互助，因此它更容易被群众所接受，形成一种自觉遵守规则、用规则处理问题的基层法治精神，成为解决群众工作难题的一把钥匙。在它的引领下，华瑶社区进一步加强了基层民主政治建设，增强广大社区成员的社区意识、民主意识，逐步走上了“生产发展、生活宽裕、乡风文明、村容整洁、管理民主”的社会主义新农村道路。

【乡规民约】

华瑶社区村民文明礼貌公约

一、严格遵守国家政策、法规、法令，积极完成各项任务。

二、认真学习贯彻执行《公民道德建设实施纲要》，引导群众“讲文明、树新风”，积极参与创建“文明家庭”竞赛活动。文明家庭十项评选标准如下：

1. 自觉完成国家和集体交给的各项任务，按时缴交土地承包款，没有丢荒耕地。

2. 自觉执行计划生育有关政策规定，没有违反计划生育行为。

3. 自觉执行《殡葬改革的规定》和《婚姻法》，没有违反现象的。

4. 自觉执行《土地管理法》，没有擅自占有土地、公地，乱搭乱建的。

5. 自觉执行《兵役法》，没有逃避兵役的。

6. 自觉遵纪守法，没有赌博、偷窃、嫖娼、卖淫、贩毒等违法行为的。

7. 自觉移风易俗，没有搞封建迷信活动的。

8. 自觉做到家庭和睦，邻里团结，没有虐待老人，夫妻打架，邻里纠纷现象的。

9. 自觉遵守《义务教育法》，抓好子女教育，没有适龄子女弃学现象的。

10. 自觉搞好家庭环境卫生，实行“门前三包”，没有脏、乱、差现象的。

三、维护社会公德，抵制歪风邪气，实行“五严禁”：

1. 严禁重婚纳妾、家庭暴力以及家庭成员间的虐待和遗弃。

2. 严禁成立各种非法组织，反对搞一切封建宗派活动。

3. 严禁贩卖、阅看黄色书画录像。

4. 严禁贩毒、吸毒、违法盗窃、走私贩私。

5. 严禁无理取闹、醉酒驾车等行为。

四、树立良好社会风尚，做到“五提倡”：

1. 提倡文明待人，遵纪守法。

2. 提倡文明新风，婚、丧、喜事新办，助人为乐，尊老、敬贤、爱幼。

3. 提倡待人诚恳，邻里和睦相处，动之以情，晓之以理，团结友爱。

4. 提倡履行公民义务，维护社会主义制度，做到爱国家，爱集体。

5. 提倡劳动致富，勤俭持家。

五、继承和弘扬社区潮州音乐传统文化，尊师重教，家长必须严格教育子女求学上进，不放任自流。

佛 山 市

禅城区南庄镇紫南村

【乡村概况】

紫南村位于佛山市禅城区南庄镇紫洞圩南面，因而得名。紫南西面靠北江支流。紫南的自然村分布较为分散。鱼塘面积较多，有少量禾田，在改革开放后建成了经济开发区，发展陶瓷工业生产。

近年来，紫南村将核心价值观内化为建设紫南发展的重要动力，并融入于村规民约当中，收到了较好的成效。在紫南村，有“文明桥”“富强

紫南村联欢晚会

桥”，有回迁安置楼“和谐楼”，在原紫南小学门口以及紫南文化广场，LED 电子屏幕来回滚动播放社会主义核心价值观，还有在村内的小公园或绿化带，均有镌刻核心价值观内涵的文化石点缀其中……，这一切都彰显着紫南人爱国爱家、敬老爱幼、邻里和睦、崇德向善、勤劳简朴的情怀。2015 年春节期间，紫南村开展了“传递价值观，春联送万家”义务送挥春活动，不少家庭都贴上了核心价值观春联；在村委会、行政服务中心大楼以及路旁的树枝上挂满了印有核心价值观内容的灯笼，烘托了紫南人红红火火过大年的氛围。过上幸福日子的紫南人，还自编自演了粤曲《紫南颂》，通过“戏说价值观——粤剧传唱”方式来表达对紫南村的热爱。

【乡规民约】

紫南村村规民约

第一条　热爱祖国，拥护中国共产党，爱护紫南村，维护紫南村的合法权益和名誉。

第二条　遵守社会公德，诚信做人，爱护个人声誉，努力生产，努力工作，艰苦奋斗，勤劳致富，智力致富，反对贪逸恶劳，反对损人利己，反对损公肥私，反对见利忘义，反对为富不仁。

第三条　崇尚科学，开展健康的文化娱乐活动，反对愚昧，反对败坏社会风气的低级下流娱乐，禁止传播淫秽录像和书刊，禁止以迷信手段骗财，坑害群众。

第四条　遵纪守法，反对违法乱纪。不偷盗，不斗殴，不赌博，不参加“六合彩”，不偷税漏税，不卖淫嫖娼，不吸毒贩毒，不违法建房，不违反村和村民小组的规划建房。依法使用宅基地，服从村镇建房规划，统一安排，不得擅自动工，不损害整体规划和四邻利益。严禁非法限制他人人身自由或非法侵犯他人住宅。

第五条　自觉维护社会秩序和公共安全，不扰乱公共秩序，严禁偷盗、敲诈、哄抢国家、集体、个人财物，严禁替罪犯藏销赃物。

第六条　讲究文明礼貌，助人为乐，知恩图报，敬老爱幼，亲朋邻里团结互助，有矛盾时，通过协商或合法途径解决，反对以强欺弱，以众欺寡。村民之间有纠纷，当事人自愿，可用书面申请村委会调解。

第七条　爱惜资源，俭朴治家，反对铺张浪费，婚丧喜庆尤其要注意节约。做好家庭和睦，夫妻恩爱，孝顺父母公婆，爱护子女儿媳，做到老有养、幼有乐、病有医，反对家庭暴力，反对摈弃家庭成员。遇到问题无法解决的时候，可以向村委会寻求帮助。

第八条　提高安全意识，注意防火防盗，注意安全生产，特别注意用电安全和交通安全，禁止私藏爆炸物。

养成良好的公共卫生习惯，柴草不乱垛，禽畜不乱放，臭水不乱流，粪便不乱堆，垃圾不乱扔。

支持发展集体经济，热心公共、公益事业，爱护公共财物，爱护水、电、道路、水利、通信等公共设施，爱护公共花草树木。

不拖欠、挪用村或村民小组的公款，自觉维护紫南村的合法利益和公共财产安全。

第九条　遵守义务教育法，父母或其他法定监护人都应依法保证其儿童、少年按时入学和完成义务教育。遵守兵役法，有服兵役义务的村民都应依法服兵役。

南海区西樵镇松塘村

【乡村概况】

西樵松塘村倚岗列建，百巷朝塘，自然环境优美。以“奉直”“培元”“致和”“忠心”等古老坊巷为肌理，为数众多的宗祠家庙、家塾书舍、镬耳屋民居、古井古树等点缀其间，构成完整的历史风貌。村中传统建筑规模达20,275平方米，代表性建筑有区氏宗祠、六世祖祠、见五大夫祠、东山祖祠、樵侣祖祠、明德社学、养正书舍、培元书舍、汇川家塾、孔圣庙等。村中历史建筑充分展现了岭南建筑艺术的“三雕一塑”。

松塘村文风鼎盛，人才辈出，仅在明清两代，考取进士者五人，行伍出身而晋升府台者一人，考中举人以及获颁优贡者近二十人。其中，区玉麟、区谔良、区大典、区大原四人入职清代翰林院，故松塘村有“翰林村”之美誉。至近代，又有革命先驱区梦觉等。这些历史名人的府第、故居都保存完好。较著名的有区大原故居司马第、区大典故居太史第及区梦觉故居光荣之家。村内还保留了一大批文辞隽永、内涵丰富的精妙古联。门楼巷名、村训格言，历代公益善举之引文、碑铭，以及赋咏松塘古八景的《松塘古名胜纪》等古人的遗墨瑰宝，保存完好。

松塘村进士、举人碑石

西樵镇松塘村村规民约

第一条　为加强对松塘村的历史、文化与环境的保护，合理开发松塘村的文化、旅游资源，根据《历史文化名城名镇名村保护条例》等相关法律法规，结合松塘村的实际情况，制定本村规民约。

第二条　本村规民约是在广泛征集松塘村村民意见的基础上由村民代表、党员、村小组组委成员、妇委全体人员会议讨论通过，全体村民应自觉接受其约束，遵守其规定，服从其管理。

第三条　本村规民约所称的松塘历史文化名村要保护的区域包括舟华、华宁、仲文、忠心、塘西、桂阳、桂香、松北等八个村小组的全部区域及大塘岗上的区维瀚古墓。

第四条　松塘村所在区域内的土地、祠堂、民居、街巷及其他建筑、池塘、水井、溪流、古树、文物等资源的保护与利用，包括松塘村四周山岗、闲地的统一绿化美化，适用本村规民约。在松塘村范围内进行科学研究、生产经营、文体活动、开发建设等活动，应当遵守本村规民约。

第五条　南海区人民政府和西樵镇人民政府共同负责松塘历史文化名村的保护、监督、检查和管理工作。本村规民约由松塘村管理委员会组织实施，具体包括保护、利用和管理等事项，区、镇两级政府相关部门依照各自职责，协同配合做好相关工作。

第六条　南海区人民政府和西樵镇人民政府共同负责组织编制《松塘翰林文化村旅游开发规划》，并根据实际情况安排保护资金，列入区、镇两级财政预算。

鼓励多渠道和采取多种形式筹集经费，建立松塘村保护与管理专项资金。

第七条　松塘村的保护和建设，应当符合《松塘翰林文化村旅游开发规划》。在松塘村内的祠堂、民居及其他建筑等项目的新建、扩建、改建、重建，应当保持古村岭南建筑风格；管线网安装等项目，应当与周边环境相协调。相关项目必须经松塘村管理委员会审核后，依法办理审批手续，取得相应有效许可证件，方可施工。

第八条　经批准的建设项目，须按批准的位置、面积、高度、设计造型进行施工，保持岭南建筑风格。凡不按批准的建筑设计图纸施工，变动布局，增加高度，改变建筑风格的建筑物和未经报批以及审批手续不全而施工的工程，一律按违章建筑处理。

第九条　松塘村内的土地、祠堂、民居、古街及其他建筑、文物、池塘、溪流、水井、古树等资源应当予以严格保护。松塘村内的古祠堂、书塾等公共建筑及村内池塘由管委会综合利用，严禁任何人以任何名义和方式侵占、出让或变相出让国家历史文化名村的资源。

第十条　凡需在松塘村内从事各类经营活动的单位和个人，须先经松塘村管理委员会审核同意，再到工商、环保、税务、物价、卫生等部门申请办理有关手续后方可经营。其经营场所、地点和服务内容，应当符合松塘村商业网点规划，并在指定地点区域和规定的营业范围内依法经营、文明经商。

第十一条　凡利用松塘村历史资源、文化资源进行经营活动以及使用松塘村内设施的单位和个人，应当按规定缴纳资源有偿使用费。

松塘村旅游及经营收入、有偿使用费由松塘村管理委员会收取，实行收支两条线管理，用于松塘村的保护管理和基础设施建设以及改善松塘村村民福利，另适当提留少部分作为上金瓯村委会的管理费用。

第十二条　松塘村管理委员会由西樵镇政府、上金瓯村委会及松塘村的代表等共同组成，对松塘村进行日常的管理与保护。

第十三条　其他未尽事宜，按《历史文化名城名镇名村保护条例》执行。

第十四条　本村规民约自 2011 年 4 月 1 日起实施。

三水区芦苞镇长岐村

【乡村概况】

长岐村，坐落于佛山市三水区中北部的芦苞镇境内。古村始建于明代，现存最古老的建筑建于清朝初年。800 多年前，有“南宋四家”之一美誉的诗人杨万里到广东为官。当他乘船经过北江边的胥口镇时，看见两岸芦苇丛生、荻花瑟瑟，不禁诗性大发，吟出《明发青塘》一诗：“芦荻叶深蒲叶浅，荔枝花暗楝花明。船行两岸山都动，水入诸村海旋成。”在诗人的描绘中，这是一片充满活力的水系，芦荻、蒲叶随风摆动，岭南佳果荔枝红似花朵，而诗人行船游走在这芦苇荔枝之间，侧畔有水上人家轻舟过，驶往诸江村。

青塘，古称胥口镇，今名为芦苞镇，长岐村便在此镇之内。芦苞镇地处珠水西江与北江之交汇处，自古便商船云集。在古镇四周的水网上亦星罗散布着傍水而居的村庄。船只驶入这里纵横密布的大小河涌支流，与芦苞四周岸边星罗密布的村庄往来，为村民们带来海盐，又换得庄稼，进行物品交易。

贞健家塾

长岐古村层舍俨然

珠水有一小支流九曲河，在蜿蜒流入北江之前，岔开了一条水路流向西江，就在开岔之处，长岐村便临水而建，水流向西流出，又从南面流进，形成三面环水之境。

【乡规民约】

芦苞镇独树岗村民委员会长岐村村规民约

总　则

第一条　为推进长岐村的民主政治建设，根据《中华人民共和国村民委员会组织法》及国家有关法律法规，依法治村，实现村民自治、自我教育、自我管理、自我服务，营造良好的投资环境和生活环境，保障社会治安稳定，促进本村的安全文明建设、经济发展和社会各项工作的全面进步，结合本村实际，制定本村规民约。

第二条　本村规民约所涉及的区域包括长岐旧村、长岐新村、长岐大道、鱼塘、荷花池、文笔顶、大岗头等区域。

第三条　村管委会受村民委托，负责村务工作，村民及在本村暂住外来人员、村辖区范围内从事工商业的单位都必须遵守本村规民约，并服从村管委会的协调。

第一章　村风建设约

1. 坚持各姓和睦共处，不搞宗派活动，反对家族主义。

2. 倡导社会公德、家庭美德、职业道德，讲文明、讲礼貌、尊老爱幼。正确处理好村民之间的相互关系，不得惹是生非，拉帮结派，不得聚众闹事，打架斗殴。

3. 弘扬正气、抵制歪风邪气，敢于同各种不良现象和违法犯罪行为作斗争，严禁赌博、吸毒、封建迷信等一切违法和不健康的活动，提倡勤俭节约，反对铺张浪费。

4. 关心集体、关心他人、关心村公益事业，积极参加村民会议，商讨公共事务。

5. 自觉实行计划生育，禁止计划外生育。

6. 积极履行各种义务，主动参与道路、交通、学校、水利等公益事业的修建维护工作，依法服兵役和参加民兵组织，承担抚养教育子女和赡养老人的义务，禁止家庭暴力和虐待行为，同时积极参加养老保险，实现老有所养。

7. 自觉、积极参加村志愿服务队，主动参加志愿服务活动，弘扬雷锋精神。

8. 不侵占土地、不抛荒弃耕，不以任何形式阻碍公共通行，自觉维护道路畅通。

9. 自觉保持村容整洁，落实“门前三包”责任，生活垃圾等应放到指定地点，不乱排放污水，不乱丢弃物品，不乱涂乱画、不散养禽畜。

第二章　建筑保护约

1. 支持配合上级政府，做好长岐古村的保护开发工作，不得以任何借口阻挠各项工程的建设。遇到征用、拆迁房屋的，不得不合理要价。

2. 各类建筑的用途，应当符合“长岐村——三水温泉”旅游片区的保护开发规划。祠堂、民居等的新建、扩建、改建、重建，必须经村管委会审核并办理审批手续后方可开展，并在施工过程中接受村管委会的监督。

3. 房屋的修葺应当依照“修旧如旧”的原则，保持外立面与周边建筑风格的统一；下水道、电线等公共设施的建设，应当与周边环境相协调。

4. 经批准的建设项目，须严格按批准的位置、面积、高度、设计造型进行施工，并及时清理建筑余泥。

第三章　开发经营约

1. 在村内从事各类经营活动的单位和个人，须先经村管委会审核同意，再到相关部门申请办理有关手续后方可经营。

2. 确保在指定的场所开展经营活动，拒绝占道经营、流动买卖。

3. 坚持明码标价、货真价实，不生产和销售假冒伪劣商品、“三无产品”、侵权产品和国家禁止销售的商品。

4. 坚持文明经商、诚信经营，不喊客宰客、围追兜售、欺行霸市、强买强卖。

5. 严格执行卫生管理制度，不聘用不符合健康条件的服务人员，不使用不符合卫生质量标准的食品原料，不使用未经严格清洁消毒的餐具。

6. 尊重游客，坚持一视同仁，热情周到，以礼相待。

7. 积极维护村容村貌和景区环境，自觉绿化、美化房前屋后和公共场所，保持庭院整洁美观，室内干净卫生；确保房前屋后无乱堆乱放、乱贴乱挂、乱排乱倒现象。

附　则

本村规民约，经本村 67% 以上户代表签名确认，从 2015 年 4 月 1 日起执行。

本村规民约的调整，须经本村 60% 以上的 18 周岁村民或 70% 以上户代表签名通过方可修订。

如违反以上规约，愿意接受村管委会相应的处理和行政管理部门根据法律、法规、规章给予的处罚，并向社会公布本人的不诚信行为。

韶关市

仁化县扶溪镇古夏村

【乡村概况】

古夏村为唐朝名将、西平郡王李晟的后裔宋末元初卜居之地，有近800年的历史。2014年3月，为提升村民道德素质，建设文明乡村，古夏村委会结合《李氏家训》和本村实际，修订了古夏村村规民约。2015年5月，古夏村结合社会主义核心价值观内容，针对农村存在的陈规陋习、不良风气等突出问题再度修订，并积极倡导广大村民爱护古夏古村的人文古迹，弘扬传统民俗文化。经过不断修订完善，古夏村村规民约已成为村民的行为指南，让村民实现了自我管理、自我教育、自我服务，促进了村民自治工作，推动了古夏村精神文明建设进程。

古夏村整洁文明的村风村貌

古夏村祥和融洽的文化生活

【乡规民约】

古夏村村规民约

尊老爱幼传美德，邻里互助倡友爱。
勤劳致富奔小康，遵纪守法记心上。
公务财务不侵占，公益事业多参加。
民主集中要坚持，移风易俗倡新风。
文明诚信好传统，团结求实是法宝。
古村古迹要保护，传统民俗齐发扬。
计划生育是国策，生男生女都一样。
村容村貌靠大家，爱护环境人有责。
出门在外注安全，不发事故增安康。

【文明风尚】

自从古夏村村规民约制定后，古夏村民纷纷自觉遵守该项规定，该村的道德风尚、环境卫生、热心公益等方面都得到了很大提高。

一、邻里互助倡友爱

古夏村的村民李树茂热心助人，受到了古夏村民的一致赞扬。他常说："能帮助别人，我很开心。"他常免费帮助村民安装电线、修灯泡或是干农活。他这种不计报酬，助人为乐的精神感染了许多村民。在他的带动下，古夏村的许多村民也经常帮助别人。

二、环境卫生变干净

为了有效治理古夏村环境卫生差的现状，充分发挥村民自治自理的作用，古夏村在村规民约中规定"村容村貌靠大家，爱护环境人有责"，倡议广大村民自觉遵守。现在，古夏村的各个角落，村民随手丢弃垃圾的现象越来越少了，村中道路变干净了，村民共同维护环境卫生的习惯正在逐渐形成。

三、村民热心公益事业

为更好地传承与发展古夏舞狮文化，2015 年 5 月，古夏村特邀佛山狮队总教头前来为少年舞狮队教学。当时村里舞狮道具极少，影响了正常的教学开展。针对该问题，村民李汉发、李幸峰等人积极争取政府支持、号召村民捐款、发动外出乡贤捐赠，很快就筹集了万余元，购买了一批狮头、锣鼓、喇叭等教学用具。其中有一位 70 多岁的老人，家里条件并不是很好，听到村里重新恢复传统舞狮，捐出了 300 多元。村民的团结和热心公益，极大地推动了古夏舞狮文化的传承和发展。

新丰县丰城街道东瓜坑社区

【社区概况】

东瓜坑社区位于韶关市新丰县丰城街道，交通便利，物产丰富，人杰地灵，百姓和谐。家园美、人文明一直是东瓜坑居民的向往，2013 年，该社区先后多次召开全社区居民会议，逐步改变居民思想观念，并通过“大家事，大家议，大家定，大家办”充分广泛地了解和征求民意、集中民智，最后一致通过了乡规民约并开始施行。

【社区公约】

东瓜坑社区公约

热爱祖国，热爱家乡。热心公益，关心集体。

保护环境，珍爱自然。统筹发展，共谋繁荣。

助人为乐，诚恳待人。遵纪守法，维护秩序。

东瓜坑社区入口

东瓜坑干净整洁的街道

见义勇为，弘扬正气。尊老爱幼，文明礼貌。
胸襟大度，扶弱济贫。尊师重教，勤奋学习。
奋发向上，自强不息。破除迷信，计划生育。
拥军爱民，树立新风。摒弃陋习，美化生活。
健康体质，邻里和睦。

【文明风尚】

东瓜坑乡规民约经科学制定、不断完善和严格施行后，社区变成了舒适、靓丽的美丽家园，不仅村容村貌焕然一新，社区内三堆、污水得到了有效改善，环境卫生整洁靓丽，道路街道规范整齐，房前屋后干干净净，村头巷尾空地绿树成荫。同时，逐渐改变了居民的思想观念和生活习惯，社区里聚众打牌赌博活动没有了，矛盾纠纷少了。道路、各家房前屋后柴草堆、粪堆、垃圾堆以及乱搭乱建等现象有了极大改善。居民学文明道德、学乡规民约的风气蔚然成风。

如今，东瓜坑社区已经成为社区居民乃至县城群众休闲娱乐的好去处，每天晚饭过后、周末、节假日等时间，总有不少人前来放松身心，娱乐休闲，因为这里环境优美、人和谐友好。

河源市

连平县忠信镇司前村

【乡村概况】

2002至2005年，司前村是连平县的后进村，村容村貌差，基础设施跟不上，村民集体意识薄弱。2005年新一届村“两委”上任后，为了改变落后面貌，提高村民参与村务管理的积极性，使广大村民实现自我管理、自我服务、自我教育，在广泛征求村民意见的基础上，制定了司前村乡规民约。

为了使乡规民约更贴切村民生活，也为了更好传承和发展优秀传统文化，司前村乡规民约几经修订完善，并融入司前村特色文化——吴氏家训，将“厚伦理，遵王法，救急难，和乡里，勤本业，莫非为，周贫乏，谨祭祀”八条家规家训加入条例细则中，弘扬传统美德，以家风带民风，以民风促乡风。

【乡规民约】

为传承和发展我村吴氏家训文化，使广大村民能自我管理、自我服务、自我教育，树立良好的民风、村风，建设文明幸福新农村，特制定本村村规民约。

一、社会治安

第一条　遵王法。热爱祖国，拥护中国共产党的领导，遵守国家法律法规，自觉地维护法律的权威和尊严，执行党和国家的路线、方针、政策。

第二条　莫非为。弘扬正气，抵制歪风邪气，敢于同各种不良现象和违法犯罪行为作斗争，严禁赌博、吸毒、封建迷信等一切违法的和不健康的活动，提倡勤俭节约，反对铺张浪费。

第三条　爱公物。不侵占集体财物，不损坏水利、交通、供电、电视、生产等公共设施。

第四条　禁危品。严禁非法生产、运输、存储和买卖爆炸物品。生产、销售烟火、爆炸物品和购置各种枪支，须经公安机关批准。拣拾枪支弹药、爆炸危险物后，要及时上缴公安机关。

第五条　守公德。严禁非法限制他人人身自由，或者非法侵占他人住宅，不准隐匿毁弃、私拆他人邮件。不制作、出售、传播淫秽物品，不调戏妇女，遵守社会公德。

第六条　护林耕。严禁私自砍伐林木，不准在村附件或田边路旁乱挖土，严禁损害庄稼及其他农作物，严禁牛羊啃青，严禁偷青，违者要受到相应的处罚和教育。

第七条　惜水电。严格用水、用电管理，不经批准，不准私自安装水电设施，节约用水用电，严禁偷水偷电。

第八条　从管理。认真遵守户口管理规定，出生、死亡要及时申报和注销。外来人员，需要在本村短期居住的应向村治保会汇报，办理相关手续。在本村暂住务工、经商的外来人员必须服从本村的村规民约。

第九条　严处置。对违反上述社会治安条款者，按以下办法处理：

（一）触犯法律法规的，报送司法机关处理；

（二）情节严重，但尚未触犯刑法和治安处罚条例的由村干部批评、教育。

二、村风民俗

第一条　倡文明。提倡社会主义精神文明，移风易俗，反对搞封建迷信活动、邪教组织及其他不文明行为，树立良好的社会风尚。

第二条　勤本业。以辛勤劳动为荣，爱岗敬业，勤劳致富，改善生活。

第三条　破旧俗。喜事新办，不铺张浪费。丧事从俭，不搞陈规旧俗。

第四条　谨祭祀。提倡文明祭祀，少放鞭炮，谨慎野外用火，严防山火发生。

第五条　树正气。不请神弄鬼，不算卦相面。不看风水，不听、不看、不传迷信和淫秽书刊、音像。

第六条　立新风。积极参加村里组织的各种文化、体育活动，提倡全民健身活动。提倡见义勇为，伸张正义，遵守社会公德，扶老携幼，加强自身修养，学习好科学文化、社会知识，跟上社会步伐，用自身知识影响老一代，教育下一代，做本时代的榜样。积极申请加入党团组织。

第七条　讲卫生。维护村容村貌，搞好公共卫生，加强村容村貌整治，严禁随地乱倒垃圾秽物，修盖房屋余下的垃圾碎片及时清理，柴草粪土应定点堆放。

三、邻里关系

第一条　和乡里。村民之间要相互尊重，相互理解，相互帮助，和睦相处，尊老爱幼，建立良好的相邻关系。不得惹是生非，拉帮结派，不得聚众闹事，打架斗殴。

第二条　周贫乏。兄弟叔侄、邻里朋友间要互相帮助，以有余补不足，实现和谐社会、共同富裕。

第三条　救急难。本村村民同宗共族，若有遭受突如其来的天灾人祸等重大灾难时，其他村民当视如手足，出钱出力帮其渡过难关。

第四条　化矛盾。邻里纠纷，应本着团结友爱的原则平等协商解决，协商不成的可先申请本村理事会、同年会、基金会等自治组织调解，调解不成再申请村调解委调解，或向人民法院起诉，树立依法维权意识，不得以牙还牙，以暴制暴。

第五条　明责任。村民饲养的动物、家畜造成他人损害的，动物饲养人或管理人负经济责任。没有或限制行为能力的人，给他人造成损害的，监护人应负经济责任。

四、婚姻家庭

第一条　厚伦理。全村村民要遵循婚姻自由、男女平等、一夫一妻、尊老爱幼的原则，建立团结和睦的家庭关系。

第二条　自主婚。婚姻大事由本人做主，反对包办干涉，男女青年结婚必须符合法定结婚年龄，提倡晚婚晚育。

第三条　讲优育。自觉遵守计划生育法律法规，实行计划生育，提倡优生优育，严禁无计划生育或超生。违反计划生育法律法规，将依法严惩。

第四条　重平等。夫妻在家庭中的地位平等，反对男尊女卑，不准打骂妻子，夫妻双方共同承担家务劳动，共同管理家庭财产。

第五条　爱儿童。父母、继父母承担未成年人或无生活能力子女的抚养教育，不准虐待病残儿、继子女和收养的子女，不准使中小学生中途辍学。

第六条　敬老人。子女应尽赡养老人的义务，不得歧视虐待老人。

【文明风尚】

司前村乡规民约分为 4 个部分 27 条，包括“社会治安、村风民俗、邻里关系、婚姻家庭”，条例内容延伸到农村生活的各个方面。采用每条三字统领加解释细化，通俗易懂，得到村民广泛认同和遵守。10 多年来，乡规民约发挥了巨大的作用，司前村无拐卖妇女、儿童、残疾人现象，无黑恶势力，无非法宗教和邪教活动，无一例群众上访事件，无村民涉及刑事犯罪。全村呈现出政风清廉、乡风和谐、民风淳朴的喜人局面，并荣获省、市、县众多荣誉称号，群众生活充满了平安感和幸福感。

东源县仙塘镇观塘村

【乡村概况】

广东省河源市东源县仙塘镇观塘村紧挨仙塘村、竹坑村、热水村，花团锦簇。目前村内企业有电熔耐火材料厂、模具有限公司、包装制品厂，主要农产品有香菇、西洋菜、小包菜、沙果、南瓜、青豆，拥有铜、黄玉、锌、黄土、脆银矿等矿产资源。

2016 年，由观塘乡贤李可贤先生捐资 2800 万元建设的观塘公园、观塘文化活动中心、观塘村门楼、观塘村公墓山、观塘村公共服务中心、曾洞水库硬底化道路等多项民生工程的竣工，为观塘村建设美丽乡村、仙塘镇打造特色小镇提供了样板和示范。

【乡规民约】

总　则

为了贯彻实施观塘村民委员会组织法，发扬社会主义民主，健全社会

观塘村举办“美丽乡村·欢乐观塘”文艺晚会

主义法制，教育村民遵纪守法，维护社会治安和社会秩序，实现村民自治，创建和谐宜居环境，把我村建设成为社会主义新农村，特制订本村规民约。

第一章　土地管理

第一条　农村的所有土地，除了法律规定属于国家所有的以外，村民的宅基地、自留地、自留山等所有权属于集体，个人只有经营使用权；凡占用集体所属空坪、荒地建杂房、厕所和猪圈并经批准入册的，受相关法律保护，未经批准占用集体土地非法乱建的，村集体有权收回作另行处理。

第二条　任何个人不得侵占、买卖、出租或者以其他形式非法转让和变更村集体或他人的土地使用权。

第三条　村民需要建房的，不得在市、县、镇规划范围内，其他情况时，本人须写好申请报告，经村民委员会审查同意，报镇人民政府和镇规划所批准，才能允许下脚建房。

第四条　未经批准强行占用耕地、交通要道建房的，除坚决拆除，还田还土，恢复原状外，已经建成的，原则上要求拆除，否则，将按国家有关规定予以处罚。

第二章　公共卫生

第一条　保持饮水卫生，不准在水源头从事污染生产以及放养牲畜。

第二条　对于有病的牲畜，不准出卖，对于病死牲畜必须做无菌处理后深埋。

第三条　保持村容清洁卫生，不准在村里巷道、公路和村公共场所等堆放猪、牛栏肥，违者限期予以清除。

第三章　水利和村公共实施

第一条　我村增洞水库和各大小山塘，所储水源都属于国家集体所有。承包水库、放鱼人员有保护水源储存，灌溉农田的责任，任何个人不准擅自乱开水闸放水。

第二条　不准任何人毁坏堤坝、田埂和山水主要流域等综合水利基础实施，违者除责其恢复原状外，并处罚款××元。

第三条　村民都有维护村公共财产的责任和义务，对于损毁村公共财产的除责令其恢复原状外，同时处罚××元。

第四章　森林和防火

第一条　护林防火，人人有责。万一发现野外火源，无论如何村民都要设法在第一时间里向村支两委报告，接到火警的任何人都要在最快时间内号召广大群众赶赴现场扑火。

第二条　村民野外用火发生火灾损失的，除应赔偿由此带来的一切经济损失外，视情节轻重予以追究法律责任。

第三条　凡擅自盗伐集体和个人林木者，视其情节轻重，罚被盗伐林木价值的×倍。

第四条　自然灾害（大风、大雨、暴雨、风雪、冰雹等）毁坏的林木，任何人不准进山哄抢。捡得归还集体的，给予奖励；否则，按照盗伐林木条款处罚。

第五条　凡有田埂、坝堤垮塌，需砍伐林木兴修者，必须经村委会批准后方能砍伐。未经批准擅自砍伐者，按本章盗伐林木条款处理。

第五章　社会治安

第一条　凡故意毁坏、盗窃、偷摸集体和个人财物者，除追究回原物外，处罚××元。

第二条　圈好看好牲畜是每个村民的职责。不准猪、牛、羊、鸭、鸡等牲畜毁坏糟蹋集体和个人的农作物。违者，除赔偿损失外，罚款50至100元。

第三条　凡是聚众闹事，煽动宗派纠纷，故意殴打他人，造成直接损伤的，除赔偿医疗费外，损失和损坏财物，除依法追究责任和照价赔偿外，并处罚款××元。

第四条　村民发生口角纠纷或婚姻纠纷等需要调解的，为调解纠纷需出差外地的旅差费用，由当事人负担。

第五条　为确保人身安全，保证正常供电，不准擅自私接电源，由此造成的故障和损失，除照价赔偿外，另处罚××元。

第六条　提倡讲文明，树新风；讲礼貌，尊老幼；讲正义，持真理；讲道德，正原则；家庭和睦，邻里团结；尊师重教，助残济贫；胸襟大度，诚实守信；美化村容，绿化村庄；开展文体活动，抵制淫秽书画影音媒介。

本村规民约，若有与国家法律法规相抵触之处应以国家法律法规为准。本民约从公布之日起实施。

梅州市

梅江区长沙镇下罗村

【乡村概况】

梅州市梅江区长沙镇下罗村位于长沙镇河东片，距离梅州城区约 15 公里。村辖 10 个村民小组，主要经济作物有水稻、梅州金柚、花卉、蔬菜、水果、花生等。下罗村较早有村规民约，不过老版本的村规民约书面化，激不起村民的阅读兴趣。2014 年，全国各地出现了“三字经”版村规民约，并开始流行起来。下罗村便努力将原本冗长的书面规约改成了“三字经”。

“三字经”村规民约受到了广大群众的喜爱，下罗村“三字经”正在逐渐深入每一位村民心中，并潜移默化地影响村民，让他们积极参与到美丽乡村建设中。

【乡规民约】

下罗村，是宝地，将你我，来养育。
建设好，新农村，本条约，要牢记。
爱国家，爱集体，跟党走，志不移。
务正业，谋生计，勤劳作，同富裕。
坏行为，要抛弃，不赌博，树正气。
禁恶习，莫迟疑，遵章法，守规矩。
守法律，不违纪，公家物，要爱惜。
公益事，多出力，行善举，积极去。

好青年，有志气，立大功，保社稷。
幸福家，优生育，生男女，有福气。
哪一户，有困难，全村人，多帮助。
敬老人，合伦理，对子孙，会教育。
邻里间，真情意，互相扶，如兄弟。
讲道德，行礼义，宽他人，严自己。
讲卫生，好习气，环境美，有秩序。
喜事新，破旧俗，丧事简，求庄重。
此条约，大家立，执行好，都受益。
遵传统，道德升，求发展，齐努力。

平远县石正镇下丰村

【乡村概况】

下丰村位于石正镇西南部。村辖7个村民小组，在册户数308户，人口1099人；全村总面积3.34平方公里，耕地面积604.6亩。距圩镇8里，四面环山，山青水绿，古有“下丰是个好地方，青山绿水绕村庄”之美誉。

【乡规民约】

村规民约三字经

下丰村，历史悠；凌刘姓，和谐处。
告乡亲，老少知；村建设，众一心。
任劳怨，尽心思；除恶习，奠新基。
村道洁，环境新；河圳净，人可居。
体运场，建设之；悉爱护，公设施。
健民体，老少宜；讲善言，践德行。
睦两族，和邻居；仁义积，厚子孙。
村学子，教育之；凡公益，为民需。
新一届，村两委；此举措，共遵依。

【文明风尚】

2013年春，下丰村村级换届，治村先治心，为秉承优良村风，为福泽下代子孙，弘扬先贤美德，对不正之风予以打压，彰显新时代正能量，倡新规，树新风，本着尊文为先，育人为本，弘德为荣，老有所尊，幼有所护，以济同舟，健康长寿，环境为先，公益之事，有共参之责，建美丽乡村，共享其果，众议为之而立“三字经”。

民约既立，村民严遵恪守，心往一处想，劲往一处使，共商村事，同谋发展。时至今日，村风崇文尚德，村民乐业同居，勤俭务实，不盗不娼，不虞不诈，互相帮扶，村中老少同乐，老有所养，幼有所爱，残有所依，病有所治。村中绿水环绕，清爽宜人，路路相通，畅通无碍，休闲广场，设施齐备，强身健体，其乐无穷。远眺之，亭台楼阁，错落有致，炊烟袅袅，鸡犬相闻，安宁幽静，如桃源仙境。

《村规民约三字经》告示板

大埔县湖寮镇古城村

【乡村概况】

古城村位于大埔县城中心，隶属湖寮镇行政辖区。村落呈块状聚居，面积约4平方公里。古城村为县治时间长达208年，人杰地灵，人文底蕴深厚，共有以万峰楼、承坤堂、两云公祠为代表的古民居50多座，多数为殿堂式。2014年2月正式被中国民间文艺家协会授予“中国古村落”称号。

古城村乡规民约是该村响应党的社会主义新农村建设，结合自身实际制订的。特别是在湖寮镇古城村被评为“中国古村落”后，当地在原有基础上，增加了保护村内古民居、古建筑的条款，进一步增强村民的保护意识、集体荣誉感和团结友爱精神，对该村社会主义新农村建设起到了积极的推动作用。

古城村充满乡风古韵

【乡规民约】

1. 热爱祖国，热爱中国共产党，热爱集体，学法知法，遵纪守法，同一切违法犯罪行为作斗争。

2. 爱护公共财物，特别是村内文保单位、特色民居等不受破坏，不得损坏水利、交通、通信、供电、供水、生产、休闲场所等公共设施，未经批准，不私自安装用水用电设施，节约用水用电，严禁偷水偷电，发现违规人和事，要积极制止并及时向村委会报告。

3. 团结友爱，相互尊重，相互理解，相互帮助，和睦相处，不打架斗殴，不诽谤他人，不造谣惑众，不拨弄是非，不仗势欺人，建立良好的邻里关系。

4. 提倡社会主义精神文明，移风易俗，喜事新办，不铺张浪费，丧事从俭，不搞陈规旧俗，不搞宗族派性，反对家族主义，反对封建迷信及其他不文明行为，树立良好的社会风尚。

5. 搞好公共卫生和村容整洁，做到人畜分离，垃圾不乱倒，粪土不乱堆，污水不乱流，柴草不乱放，房前屋后不积水，檐沟处处要疏通。

6. 依法使用宅基地，服从村镇建房规划，不损害整体规划和四邻利益。

7. 严禁私自砍伐国家、集体或他人的林木，不准在村附近或田边路旁乱挖土，严禁损害庄稼、瓜果及其他作物。

8. 自觉养路护路，维护道路畅通，不准在村道、主道边搭建违章建筑，堆放废土、乱石、杂物，不准在路道上乱挖排水沟，不准在路肩上种植作物，侵占路面。

9. 计划生育，晚婚晚育，优生优育，男女平等，尊老爱幼。

丰顺县汤西镇南礤村福宁村

【乡村概况】

福宁村位于丰顺县汤西镇南部，辖区总面积 0.82 平方公里，总人口 810 人。域内风景优美、人才辈出、民风淳朴，是美丽、整洁、文明乡村的示范点，村民既有客家人热情好客的优良传统，又有潮汕人的拼搏奋斗精神。老一辈革命家古大存同志曾领导革命队伍在这一带开展革命活动。

在这良好的历史环境下，福宁村作为村民理事会工作的试点，成立了村民理事会，改变了过去由村干部包揽村政村务的做法，进一步推进了村民自治。在选举产生村民理事会后，与会代表群众共同商议，结合实际，共同制订了福宁村“十要廿不”的乡规民约，为福宁村的发展和群众生产生活建立了行为规范。

干净整洁的福宁村

【乡规民约】

福宁村乡规民约十要廿不

要礼貌待人讲诚信，不粗言暴语，不有损信誉人格。
要革除陋习讲文明，不随地吐痰，不乱吃野生动物。
要爱护环境讲卫生，不随地便溺，不乱倒乱丢垃圾。
要爱惜公物讲公德，不损坏公物，不乱贴乱涂乱写。
要遵章守规讲安全，不违章通行，不抢上抢下乘车。
要破除迷信讲科学，不因循守旧，不参与邪教活动。
要团结友爱讲互助，不打架闹事，不发生邻里纠纷。
要尊老爱幼讲美德，不虐待老人，不歧视弱势群体。
要勤俭朴素讲节约，不大吃大喝，不奢侈铺张浪费。
要见义勇为讲正气，不见险不救，不放纵坏人坏事。

【文明风尚】

在村民理事会和村民群众的共同努力下，共筹资200多万元，对村容村貌进行亮化、绿化、美化，房屋进行改建维修，往日的脏乱差不再出现，展现在面前的，是错落有致的楼房，四通八达的水泥道路，整齐明亮

经过亮化、绿化、美化的福宁村一派生机

的路灯。道路两旁绿树成荫，与健身休闲广场上活动的村民构成一幅令人赏心悦目的田园画卷。

乡规民约极大地推进了村民自治热情，使得村民群众的日常行为和精神得到了升华，为继承和弘扬中华民族传统美德，创新发展乡贤文化，推动社会主义核心价值观融入社会治理和日常生活起到了很大的作用。

惠州市

惠城区潼湖镇黄屋村

【乡村概况】

黄屋村位于潼湖镇南部，南濒潼湖湿地，下辖黄屋和翟屋两个小组，现有村民1600多人，总面积706.51公顷。

黄屋村民风淳朴。2013年12月26日，为进一步贯彻落实科学发展观，建设和谐新农村，黄屋村根据实际情况，召开党员、村民代表会议通过《潼湖镇黄屋村乡规民约》并实施至今。该民约内容包括以下几个方面：土地权属与土地管理、户口管理及村民权益、财经制度、治安管理。

为培育和践行社会主义核心价值观，继续发挥乡规民约的生命力和影响力，黄屋村村委会在原来的乡规民约基础上，出台了《潼湖镇黄屋村乡规民约（补充内容）》，包括社会治安、消防安全、村风民俗、邻里关系、婚姻家庭五个方面。该补充内容充分吸收和借鉴当代社会主义核心价值体系，胸怀富强、民主、文明、和谐的价值追求，树立自由、平等、公正、法治的价值取向，秉持爱国、敬业、诚信、友善的价值准则。用社会主义核心价值观解困传统乡规民约的新举措，让乡规民约再次焕发出勃勃生机。

潼湖镇黄尾村乡规民约

一、土地权属与土地管理

（一）土地权属。我村管辖的7.6平方公里土地、山脉、湖泊、水源权属全部归集体所有，任何个人不得以借口占为己有，国家、集体需要征用时，必须服从。补赔偿办法：地上附着物归开发者所有，土地征收归集体所有。现遗留下来的开荒山地、水田、鱼塘私人部分面积，未经村集体同意，不准将其私卖，或将泥土卖给他人。同时还要实行林改政策，每年每亩由各村小组收回管理费9元。否则，在国家、集体征用时，地上附着物不给予赔偿。

（二）土地管理。土地管理要严格按照《中华人民共和国土地管理法》规定执行，严格丢荒或擅自将集体土地改非农用地。承包土地责任田的农户，只有经营权、受益权。不得改变或转向其他用途，包括建房、挖鱼塘、办果园、建猪场。如有违反者，报上级相关部门处理。村民需要建房，要由各小组统一规划，经有关部门批准办好手续后方可施工，任何个人不得私下开工，造成后果的，由个人承担全部责任。

二、户口管理及村民权益

（一）户口管理。本村户口纯属农业户口，为保障妇女、儿童权益，出生的小孩，视其本人意愿可到男方也可到女方入户，任何人或集体都无权干预，有女无子可招男到女家，丧偶再婚的，其户口也可迁入本村。出嫁及生育子女，户口不愿意迁出也可以入户本村。出嫁女离婚后及未婚妈妈子女，其户口愿意迁回本村的，准其办理有关手续。

（二）村民权益。关于村民在集体福利经济分红及责任田承包方面，必须要具备下列条件方可享受福利、分红权益。

1. 居住本村持有农业户口的村民。

2. 现役军人（不含干部）户口迁出的，在校就读学生。

3. 男方已举办婚礼及办理结婚证，户口已迁入本村。

4. 有女无子，招男落户及生育子女，但必须有结婚证和本村户口。

5. 抱养他人子女，计划生育内和生育外的一对夫妇只能抱养一个，并办好户口。一子无女，再抱养儿子的不得享受分红；有子的，再抱养儿子的不得享受分红；纯女户的，抱养儿子可享受分红，但抱养女儿的不得享受分红；一子一女的，不管抱养儿子还是女儿，均不得参与分红；两个及两个以上儿子无女，不管抱养儿子还是女儿，均不得参与分红。

6. 丧偶：合法再婚（办有结婚证入户口）的及婚后生育子女，随带的子女，不得超过两个，且未满十八周岁。再婚后生育子女，只能允许一个享受分红，为了防止通过假离婚骗取集体分红，现规定离婚后原配户口在黄屋村且未出嫁的可以参与分红，本村村民离婚后再娶进来的女方也可参与分红，但是第二次离婚后必须相隔十年后再婚娶进来的女方才可参与分红，否则不得参与分红。

7. 对于未婚妈妈及生育子女，或又出嫁，离婚回娘家居住及随带子女，无权享受村的福利及经济分红。

三、财经制度

本村经济支出以村委会、村民小组为单位进行核算，要做到取之于民，用之于民。及时向村民公开，接受村民监督，实行组账村管，村账镇管。

（一）村、组要成立村务监督委员会，审查掌握财会账目开支情况，并向村民张榜公示。

（二）财会记账要实行新的记账法，即“借贷记账法”，要做到有借必贷，借贷必相等，记账的每一款要有原始单据，当事人、证明人、领导审批签名，白条单据由经手人和证明人同时注明用途，由会计开票，领导审批签名后方可报账。收入凭证要完整保存，由会计开票，领导审批签名后方可报账。收入凭证要完整保存。

（三）误工补贴标准：党员、村民代表、干部群众会议，每人每天补30元；防洪抢险、扑山火每人每天100元。

（四）干部工资：除上级财政下拨的工资外，村级干部每月补助500元。村小组成员每月工资1000元。理财小组成员每人每天补助60元，特别艰苦的工作每人每天补助100元。

（五）财会审批制度：3000元以下开支由村主任、小组长审批；3000

元至1万元需经班子讨论通过；1万—5万元由班子及理财小组讨论通过；5万元以上开支干部及村民代表讨论通过可开支。至于防洪抢险、扑山火等应急事件除外，领导有权作出补贴决定。

（六）关于到商店购物的店账，仅由会计、财务人员到场后方可购物和记账，并注明用途，待有现金时再结账。

（七）基建项目：要实行公平、公正、公开投标，事先制定出方案，由干部和村民代表讨论同意，方可投标。工程完工后，由理财小组、干部到实地验收，符合投标条件，方可验收并付款。

（八）村干部及理财小组成员均实行岗位责任制。因工作疏忽或工作不力，如种粮补贴，农村医疗造成农户损失的，视情况由村干部或理财小组成员负责分摊经济责任，即比例为村干部或理财小组成员负5%，文书5%，户主20%，村委20%，小组50%。

四、治安管理

（一）凡阻碍交通水利及防洪设施的，或在堤坝、排灌沟旁私下种草木及搭建地上物的，一经发现，村委会、村小组有权清除，不作任何赔偿，行动清理费用由当事人负责。

（二）本村村民引进的工业项目或养殖场，需经村委会、村小组同意后方可实施，至于造成环境污染，影响村民正常生活、农作物损失的，由当事人承担全部责任，包括经济损失责任。引进的项目必须经镇、区两级政府审批同意落户后，方可办手续建设办厂。

（三）村民打架、闹事造成伤害的报治安队处理，双方各交×元办理费。经查无理者负担双方办理费，并罚款×元。

（四）学生在校打架、闹事发生后由校方领导负责教育和调解，家长不得以各种借口向校方闹事和施加压力，妨碍学校和老师正常工作，造成后果的按治安条例处理。

（五）社会上青少年在学校组织和煽动学生闹事和打架，当事人按治安条例处罚，情节严重的交由司法部门处理。

大亚湾西区塘尾村

【乡村概况】

塘尾村“致富思源，富而思进”，自募资金，新建广场，重建宗祠，力求把朱子优秀传统文化作为环境布置的着力点，努力营造朱子优秀传统文化育人环境。在村主干道悬挂《朱子家训》和朱子名言等横幅标语；开展朱子文化研究性学习，广东省朱熹思想学术研究会两次在该村召开；将朱子文化汇集成册，编辑出版了《龙虎山下的文化奇葩》，村民人手一册，等等。

在朱氏宗祠“文德庭”的天井里，摆放的是一本“书”，上面镌刻着朱熹的诗句。廊檐四周石碑上刻有“诚信”“正气”等字样，以及《文公家训》《文公家政》《劝孝歌》等先辈古训，这些都蕴含许多道德精髓。在朱氏祠堂内外开展“法治文化流动展馆”，大力普及法律知识、培育法治文化，实施“四民主工作法”，将《中华二十四孝》碑林、“文公家训”、“文公家政”、“劝孝歌”等传统文化元素与现代法制教育融合，在潜移默化中深化了民主法治理念，促进了村民和谐共处，形成了良好的村风民风，该村已成为广东省创建民主法制示范村。

村广场朱熹雕像

塘尾村民居

【乡规民约】

父之所贵者，慈也。子之所贵者，孝也。夫之所贵者，和也；妇之所贵者，柔也。兄之所贵者，友也；弟之所贵者，恭也。

——《朱子家训》节选

【乡约故事】

盲仔智勇救中坑

塘尾村民李藻芬，是辛亥革命烈士李昌汉的儿子，曾因在修理枪械时不幸灼伤而致一只眼睛残废，人称“盲仔操”。

1944 年，土匪头目朱连成做日本军的走狗，打着“护路安民”的旗号四出抢劫，于冬月至腊月间，驻在云冈社学。一天朱连成带一百贼仔去中坑行动，包围了中坑，将很多男人困在明德堂（中坑王氏祠堂），不准出去，并进行抢劫。

恰好盲仔操看到贼人抢劫，便拿了一枚手榴弹，单人闯入明德堂，逼朱连成命令所有贼仔放下武器，贼首见来者不善，怕同归于尽，便乖乖放下武器。

盲仔操孤胆英雄，靠着自己的勇敢与智慧，保全了中坑全村人的生命财产安全，并协同中坑村民捉了朱连成贼仔十余人，当晚就押往石山处决。中坑村的人都感激李藻芬，中坑与塘尾的宿怨也因此而化解。

汕尾市

陆河县上护镇樟河村

【乡村概况】

上护镇樟河村，原名榄坑，改革开放后因面向螺河改名为樟河村。位于上护镇中部，是上护镇人口最大的村委会，交通方便，省道S335线贯穿，是依山傍水的理想居住地。下辖11个村民小组：东硁、樟河、石水、野鸭、水口、柑园、再头、桃树、三再、树头、天楼。总面积9.5平方公里，有山地面积1.3万亩，耕地面积1300亩，是上护镇创建生态文明村示范点。全村总人口4300多人，其中常住人口3400多人，外出人口1700多人，党员63人。村民主要收入来源是水稻种植和外出务工。

为积极培育和践行社会主义核心价值观，建设乡风文明、和谐有序的社会主义新农村，樟河村经村民代表会制定、由村民大会讨论制定了全体村民的行动准则即村规民约。在制定过程中，该村融入管理理念，无论从计划生育到义务教育，还是从环境管理到林木管护，都完善了村民自我教育、自我管理、自我服务的机制。

【乡规民约】

为树立良好的社会风气，加快农村经济的发展，早日实现脱贫奔康，结合农村实际，制定此村规民约。

一、热爱祖国，坚持四项基本原则，自觉遵纪守法。

二、正确处理国家、集体、个人三者利益，自觉履行国家规定的各项义务。支持兴办集体公益事业，按规定完成义务劳工。努力改善生活环境和条件，照顾好困难户和五保户，走共同富裕道路。

三、大力开发山区资源造林种果，积极发展生产，圆满完成上级交给的生产任务，按时缴交各项承包款，无丢荒耕地。

四、加强精神文明建设，树立新风，破陋习，积极开展创建文明村、文明户活动。

五、讲究社会公德，搞好家庭和村环境卫生，绿化美化家园，建立良好的村容村貌和村风。

六、尊师重教，落实义务教育制度，保证适龄儿童全部入学，开展群众性业余文化体育活动和科技培训活动，不断提高广大群众文化科学素质和身体素质。

七、更新观念，提倡晚婚晚育，自觉实行计划生育。

八、遵纪守法，创建良好的社会环境。

九、护林防火，人人有责，一旦发生山火，应服从指挥全力投入灭火工作。

十、全面规划，实现建房有序，未经批准不得擅自占地建房和扩大基地。

十一、保护集体财产，不得盗窃、侵占、摧毁集体财产。

【文明风尚】

樟河村规民约实行以来，村民素质有了较大的提高，现在红白喜丧没了大操大办的现象。村容村貌有了较大的改观，建成了文明、舒适、卫生、优美的村庄环境，创办了村文化室、农家书屋、活动室，兴建多个健身广场等活动场所，丰富群众文化生活；不断加大村道建设、农田水利、安全饮水、环卫设施等方面的投资，使全村基础设施建设日趋完善；全面完成潮惠高速公路征地工作；迁建总造价800万元，占地面积50多亩，建筑面积2500多平方米的樟河小学；新建占地1500平方米的文化活动广场工程，完成6公里路灯照明，成立了治安巡逻队和樟河村教育基金会，推进治安视频监控系统建设，率先成为全县第一个列入公安治安监控联网的村委会。经过多方的努力，樟河村于2014年荣获“广东省文明村”。

东 莞 市

大朗镇宝陂村

【乡村概况】

宝陂村是移民村，位于东莞大朗镇富民路旁。宝陂村历经两次搬迁：1958 年为了配合松木山水库的建设，村民从山脚搬到山顶，以种养业和捕鱼业为主要产业。2001 年因建设松山湖科技产业园需要，宝陂村被征地拆迁。

2006 年搬迁至宝陂新村后，为维护全体村民的利益，使各位村民处事有准则，言行有遵循，培养科学文明的现代生活方式，推进村民市民化，营造和睦相助、友爱向善、谅解宽容的人文环境，营造安全有序、整洁靓

宝陂村新貌

丽、生活便利的生活环境，村委会邀请村内党员代表、群众代表在旧村规民约的基础上制定了新村规民约。

新村规民约的改变主要为适应村民由过去农村生活转变到当前的居民式、小区式生活，给村民提供了为人处事的行为准则，有效预防、缓解村民间的矛盾，促进营造一个和谐安定的生活环境。

【乡规民约】

宝陂村民守则

我为人人，人人为我；
爱我宝陂，建功立业；
开拓创新，诚信守法；
团结务实，勤劳奉献；
助人为乐，见义勇为；
普及科学，移风易俗；
勤奋学习，敬业守职；
热爱集体，保护公物；
举止文明，礼貌待人；
保护环境，勤俭节约；
拥军优属，计划生育；
尊老爱幼，家庭和睦；
开放包容，互谅互让。

宝陂村民日常行为规范

一、不高空抛物和随地吐痰，不乱扔杂物、烟头。

二、不攀折和践踏花草树木，不进入小区鱼池戏水。

三、不抢道行驶和乱停乱放车辆，不损坏公共设施器材和乱刻乱涂乱画墙壁、公共设施、车辆等。

四、不准有下流行为和说脏话粗话，不寻衅闹事、赌博。

五、不侮辱、诽谤他人，不造谣惑众、搬弄是非。

六、不扰乱公共秩序，不阻碍公务人员执行公务。

七、不偷盗、敲诈、哄抢国家、集体、个人财物，不替罪犯藏匿赃物和贪赃枉法。

八、不非法限制他人人身自由或非法侵犯他人住宅，不隐匿、毁弃、私拆他人邮件。

九、不非法生产、运输、储存和买卖爆炸物品，不私藏枪支弹药、毒品。

十、不铺张浪费，不传播污秽的刊物、图片及影音制品。

中 山 市

南区曹边村

【乡村概况】

曹边村隶属于南区北溪社区。2014 年底，曹边村推进《邻里公约》制订发布及宣传。该项工作启动后，北溪社区迅速成立了工作小组，推动工作实施。首先，为了让公约真正代表村民意愿，工作小组广泛发动辖区居民参与其中，不但召集经联社股东代表会议听取意见建议，而且草拟了文稿张榜及印发单张发放到各家各户征求意见；不但在经联社办公室设立意见建议收集处，而且采取落户调查和街头随机采访的方式听取意见。其次，工作小组按照前期准备、股东代表会议讨论、草拟文稿（两份）、广泛征集意见、综合整理以及股东代表会议审议通过等六大步骤分步实施，最终形成了孝老敬亲、爱护环境、热心公益、文明养殖、文明行车、节能环保、平安出行、守望相助、睦邻友好、消防安全等十条主题内容。

【乡规民约】

扶老携幼扬美德，尊敬师长记心间。

尊老爱幼讲文明，孝敬双亲莫忘恩。

【文明风尚】

《邻里公约》确定之后，通过在公共场所张贴公布及印制单张发放至每户家庭广泛传播，做到家喻户晓，引导村民共同遵守。与此同时，北溪社区还在曹边聘任 5 名义务监督员，会同曹边治安协管员一同监督《邻里公约》的落实，促进公约内容落地。近年来，曹边村逐步形成了以遵守《邻里公约》为荣、违反《邻里公约》为耻的良好氛围。

梁正衡，大家都亲切地叫他“衡叔”。衡叔才刚退休不久，便以志愿、义务的赤诚之心很快又投入到家乡建设工作中。他不仅积极宣传曹边村《邻里公约》，还带领村民集体践行文明公约。2014 年，曹边联合理事会成立，梁正衡当选会长，积极开展老人活动、庙宇活动、宗亲联络、侨务等工作。这几年，衡叔还致力于寻找香山县立县发起人梁杞之墓，经过槎桥村村民的自发协助，终于于 2014 年 3 月在槎桥村山地边找到梁杞之墓，并联系各方开始着手重修。

曹边村民风淳朴，敬老爱幼。曹边梁倩瑶敬老爱幼大楼就是华侨出资捐建的，还有敬老爱幼专门经费。曹边村还经常组织筹办老人集体生日会，玩游戏、唱粤曲、颂红歌等趣味十足，为留守村中的老人带来欢乐与温暖。

火炬开发区下陂小区

【社区概况】

元末明初，下陂小区始祖林云庄从福建迁此定居，后有劳、黄、李等姓氏迁入。劳、林是本村的两大姓氏。由于当时生活资源缺乏，各个姓氏的族人为了生存，相互矛盾日渐激化，彼此关系冷漠甚至不相往来。后来在一场自然灾害中，村民意识到“团结力量大”的道理，只有团结起来才不会有所畏惧，才能克服困难。自此以后，他们团结友爱，互相尊重，相互理解，相互帮助，和睦相处，互补长短，和谐友善地共同生活在同一条村内，渐渐形成了村训。虽然在村史古书中没有详细的记载，却是下陂世代传承的村规。

如今，和谐友善的乡规民约已成为新一代居民们的行为准则，也成为每一个下陂父母教给孩子的第一课。每到清明，各姓氏的村民更会一起拜祭祖先，举行大型聚餐，海外定居的华侨甚至不远万里回乡与亲人邻居团聚。就是在这样不断的发展中，下陂人也赋予了和谐友善更加丰富的内涵，是对优秀传统的继承，更是对和谐美好生活的向往！

【乡规民约】

团结友爱，相互尊重，相互理解，相互帮助，和睦相处，不打架斗殴，不诽谤他人，不造谣惑众，不拨弄是非，不仗势欺人，建立良好的邻里关系。

【文明风尚】

村内的孤寡老人林金棠以前的房屋还是危房，每逢刮风下雨，村内的几个年轻人就将老人安置在村内老人会的临时点，等风雨过后又将老人安顿回家中，每年反反复复，从不嫌麻烦。现在老人的房子得到政府支持进行了危房改造，小伙伴们经常在工作和学习之余探望老人，陪他聊天了解老人的身体状况，为老人打扫屋子，整理房间。

有些孤寡老人没有子女承欢膝下，赡养尽孝，也没有老伴陪伴左右，共享天伦。风烛残年的林金棠，有的时候还承受着疾病的折磨，但是年轻人对老人的关心照料让他无比开心、满足，他们已经同一家人没有什么区别，这恰恰就是村规民约的真实写照。

阜沙镇罗松村

【乡村概况】

在20世纪90年代初期，阜沙镇罗松村是典型的沙田水乡，人们日出而作，日落而息，相互之间往往因为小小界置问题而产生矛盾。同时，大部分村路没有进行硬底化建设，生活垃圾没有做到日清日洁，河涌到处是漂浮物，生活水平低下，卫生状况较差。随着镇村经济发展，罗松村委会意识到村规民约的重要性，通过召开全村党员、村民小组长和村民代表大会，经充分讨论并制定了《罗松村村规民约》。

【乡规民约】

罗松村乡规民约

村民之间要互尊、互爱、互助，和谐相处，营造良好邻里关系；家庭成员之间要互商、互谅、互爱，尊老爱幼，建立良好婆媳关系、妯娌关系、父子关系、兄弟关系，倡导和睦相处，共建家和万事兴良好家风。勤劳致富，反对游手好闲、不务正业。

罗松村文体广场

【文明风尚】

近年来，村委会争取市、镇两级支持，对全村的村路进行硬底化建设，在部分村民小组兴建文体广场，方便群众出行，同时为群众休闲锻炼身体提供好地方，群众亦自觉爱护公共财产。现在的罗松村道路宽敞，村容村貌整治，河涌漂浮物及时清理，户户农家干干净净。

小榄镇新市社区

【社区概况】

小榄镇新市社区居民委员会户籍居民3.6万人，外来流动人口2万多人，面积5.2平方公里，位于广东省中山市小榄镇政治、经济文化中心，是小榄镇新旧城区的结合部，社区文化底蕴深厚，经济繁华，民风淳朴。

2014年初，社区经过广泛征听群众意见，通过居民代表大会表决通过了《新市社区居民公约》（简称《公约》）。《公约》通过后社区在《社区报》、社区宣传栏、社区公众网络平台等向广大群众宣传。

新市社区居民委员会希望《公约》的通过和宣传，营造一个民风淳朴、治安稳定、环境优美、人文和谐、邻里互助、尊老爱幼的和美社区生活环境，进而促进社区经济、文化、教育等方面的发展，实现“四个强化”培育和践行社会主义核心价值观。

【乡规民约】

社区居民之间要相互尊重、相互理解、相互帮助、和睦相处，建立良好的睦邻关系；不准随意在楼上抛掷垃圾或杂物，不向窗外或楼下泼水或架设滴水管，不在居民休息期间从事装修或其他影响他人休息的娱乐活动；夫妻在家庭中的地位平等，做到尊老爱幼、赡老扶幼，建立团结和睦的新家庭、文明好家庭。

【民约故事】

“接住哥”徒手勇救坠楼男童

2014年5月18日中午12时许，小榄镇新市社区潮南路一家精品店二楼一名约3岁大的男童从二楼窗口爬出找妈妈，不慎失足掉下。在这惊险的时刻，一名刚好路过避雨的男子挺身而出，徒手将男童接住，挽救了男童的生命。这名“接住哥”叫李显文，是离事发地不到200米的新市居民。“接住哥”见义勇为的事迹受到了《中山日报》、《中山商报》、《南方都市报》、《羊城晚报》、中央电视台等各大媒体的争相报道，充分体现了小榄镇邻里互助的良好社会风尚，“小榄好人”的感人事迹受到了全社会的广泛关注和啧啧称赞。

古镇镇海洲村

【乡村概况】

2015 年是中山市开展全民修身行动的第五年，为贯彻中央“四个全面”战略部署，落实全市开展全民修身行动的总体部署，从 2015 年 3 月起，由古镇镇宣传办、海洲村党委联合主办了“我爱海洲”修身活动项目。通过开展社区外展家访、村民茶话等系列社区活动，从人与人之间的邻里互助逐步深化到邻社村民之间的互助。在海洲文化活动中心每季度至少举办一次村民茶话会，邀请村民积极参与社区事务讨论。各社区每季度至少要走访一次村民，了解海洲村村民需要，探讨海洲村发展动态，改善海洲生态环境。同时建立一个村民邻社资源分享机制。

为辅助和谐邻里关系的构建，海洲村委会从多次走访和举办茶话会中总结经验，了解村民需求，根据本村的实际情况，编辑了一本海洲村文化小册子，建立海洲村村规民约。

“我爱海洲”社工活动——端午包粽子

【乡规民约】

邻里互助爱

共建文明，你我讲礼貌！
团结友爱，互助好邻里！
百行孝为先，关心孤寡弱！

【文明风尚】

海洲村联动义工队伍，通过探访长者、采集村史等，挖掘海洲村九个社发展历史以及文化特色，并结合走访村民过程中收集到的邻里故事，整理、编辑、印行了海洲村乡规民约小册子，同时通过各种宣传平台，组织进行派发以及宣传，进一步增强海洲村的凝聚力。

江门市

恩平市沙湖镇高园村

【乡村概况】

恩平市沙湖镇高园村现有 224 户 786 人，是恩平市、江门市标兵文明村，江门生态文明村，广东省卫生村。高园村 60 岁寿星集体寿庆活动，自 2004 年由旅美宗亲吴林聪等发起至今，已连续举办了 10 多届，成为高园村一个“敬老活动品牌”，也成为该村文化生活的最大亮点。

【乡规民约】

高园村集体寿庆乡规民约

为弘扬中华民族敬老爱幼的传统美德，营造全村老人“老有所依、老有所靠、老有所为、老有所乐”的氛围，结合本村的实际，根据旅美宗亲吴林聪等多名内外宗亲的倡议，决定从今年 10 月 1 日起举办 60 岁寿星集体寿庆活动，并将有关规定公布如下：

一、寿星的年龄及资格。凡是本村的公民（不论海内外）不分男女，年龄满 60 岁者即可。由本村在寿庆前一个月在村公开栏张榜公布确认，自主参加。

二、集体寿庆日。时间地点定在每年的国庆节。这一天，全体村民（男女老少），包括出嫁女、海外宗亲、外出乡亲回村共庆祖国生日，同祝寿星长寿，地点设在村宗祠堂。

三、集体寿庆的形式内容。村里摆酒庆贺为主，加以瑞狮表演、戏曲表演、各项比赛、为学业优秀者颁奖等（视每年的具体情况而定，不作硬性规定），并给寿星们送上寿宴，送上祝福。

四、寿庆资金来源及使用管理。一是寿星们按能力大小；二是善长人翁资助；三是集体收入支付、专人管理，结余赞助村公益事业和来年寿庆使用。

此规定自2004年10月1日执行。

【文明风尚】

集体寿庆日定在每年国庆节，这是意义深远的“双庆日”。这一天，全体村民共庆祖国生日，同祝寿星长寿。每一届寿星名单由村委会隔年公布，不分男女不分国内外。每届寿星人数有20多人，2015年有27人，是历届人数最多的一届。

寿庆的资金主要来自寿星的捐助，其次为国内外的热心乡亲资助。其中，吴月照、吴林柱、吴林超等乡亲一直以来最为热心，使每届的寿宴活动办得有声有色。

每届寿宴日前几天，村民们就奔走相告，互传寿宴讯息，在国外的侨胞们也电话、微信和邮箱频频。到了寿庆那一天，村民们不论男女老少都穿红戴绿、化妆打扮。出嫁女、移居国内外的乡亲、港澳同胞及美国、多米尼加、哥斯达黎加等部分侨胞都从四面八方回来参加寿宴，因为他们认为这是人生一生难求的欢聚。

寿庆那天，村中锣鼓喧天，瑞狮起舞，彩旗飘飘，一千多名乡亲欢聚一堂，祝贺声、欢笑声响彻寿宴厅，弥漫着浓浓的乡情，流淌出浓厚的爱国爱乡情怀。

在祝寿的仪式上，寿星们凝视着一副发人深思的对联，上联为“六十春秋，尝遍世上甜酸苦辣”，下联为“甲子垂新，喜迎人间福寿康宁”。他们浮想联翩：忆往昔，甜酸苦辣，五味杂陈，看今朝，福寿康宁，豪情满怀。望前程，祖国繁荣，美丽光辉。溯昔抚今，今天有如此多彩的寿宴，真是人生之大幸。

集体寿庆这活动今后还要办下去，而且要越办越好，因为它是增进海内外乡亲的亲情、友情、相互沟通，凝心聚力的双庆活动，最深得人心的乡规民约。

阳江市

阳西县新墟镇禾塘村

【乡村概况】

新墟镇禾塘村委会与茂名市电白区望夫镇交界，两地村民往来密集，以往殴打、盗窃、抢劫时有发生。在加强防范管理的同时，为进一步维护农村稳定，创造安居乐业的社会环境，促进经济社会发展，广泛征求意见，经过村民代表大会讨论通过，制定实施该村村规民约。

【乡规民约】

一、热爱祖国，坚决拥护中国共产党的领导，遵守国家法律法规，执行党和国家的路线、方针、政策。

二、认真学法、知法、守法，自觉维护法律尊严，做遵纪守法的好村民。

三、尊重和赡养老人，维护妇女、儿童合法权益，禁止家庭暴力和虐待行为发生。

四、自觉实行计划生育，提倡优生优育，严禁无计划生育或超生。

五、搞好家庭清洁，维护村容村貌，严禁乱倒垃圾脏物。

六、爱护公物，反对损公肥私，反对损人利己。

七、崇尚科学，移风易俗，反对封建迷信，严禁涉黄涉毒涉赌，树立良好的民风、村风。

八、团结互助，和睦相处，不得惹是生非、拉帮结派，不得聚众闹事、打架斗殴。

九、提高警惕，加强防范，确保村内生产和生活安全。

整洁干净的村容村貌

【文明风尚】

村规民约制定后，广泛宣传教育，引导广大村民自我教育、自我管理、自我提高、自我监督。村民遵法守法的意识得以加强，群众的矛盾纠纷大幅减少，邻里关系改善，办事依法、遇事找法、解决问题用法、化解矛盾靠法的法治良序正在形成。治安案件逐年下降，盗窃案件少了，农村和谐稳定。卫生意识和环保意识加强，村容村貌整洁，少了乱丢乱放垃圾现象。互帮互助意识大大增强，创业有成村民以自己的经验、学识、专长、技艺反哺桑梓，涵育文明村风。

阳西县塘口镇竹迳村

【乡村概况】

竹迳村委会位于塘口镇政府驻地东面约 6 公里，以种植水稻、花生、大豆和番薯作物为主。全村下辖有白石头村、联兴村、大坝村、由岭村、竹迳村、学塘村、大陂头村、罗皮坑村、添众村、横山寨村等 10 条自然村，650 户农户，总人口 2665 人，五保户 45 人，低保户 77 人，2014 年度人均纯收入 8090 元。

为进一步推动该村物质文明、精神文明和政治文明建设，村“两委”班子成员入户征求群众意见建议，初步确定村规民约的具体内容，再召开村“两委”会议讨论修改，在群众代表大会上表决通过。经自下而上、自上而下反复修订、完善后，制定实施该村村规民约。

【乡规民约】

一、热爱中国共产党，热爱社会主义祖国，热爱集体。

二、认真学法、知法、守法，执行党和政府的各项方针政策，遵守村委会制定的各项规章制度，做遵纪守法的好村民。

三、尊重和赡养老人，维护妇女、儿童的合法权益，家庭和睦、邻里团结、互助互谅，教育子女，争创五好文明家庭。

四、勤俭持家，勤劳致富，移风易俗。

五、自觉执行计划生育，坚持晚婚晚育、优生优育。

六、做好家庭和村内卫生，保持环境洁净、道路畅通。

七、反对损公肥私，反对损人利己，爱护集体一草一木。

八、努力学习文化科学知识，不参加赌博、六合彩，不看淫秽书刊和录像，不吸毒贩毒，积极参加健康有益的文化体育活动；树文明新风，不参加封建迷信活动。

九、履行公民义务，完成上级下达的各项任务。

十、提高警惕，加强防范，确保村内生产和生活安全。

十一、发展农业生产，绝不弃荒丢荒，大搞畜牧业养殖，提高村民生活水平。

【文明风尚】

竹迳村规民约参与度广，影响力大，效果显著，得到村民的良好反响。村规民约自修订到完善，村民都参与其中，是村民意志的集中体现。村规民约挂在了墙上，更在群众心中牢牢扎根，并落在行动上，逐步实现村民“自我管理，自我教育，自我服务，自我约束”，有效维护社会稳定，树立良好的民风、村风，创造安居乐业的社会环境，促进经济发展，建设文明卫生新农村。

茂名市

高州市南塘镇彭村

【乡村概况】

2008年前，彭村曾是一个落后村，村“两委”软弱涣散，党群干群关系紧张，社会治安案件频发，村容村貌脏乱差，村风民风不够淳朴，群众文化生活贫乏。2008年新一届领导班子成立后，为改变彭村的落后面貌，广泛征求群众意见，制定《彭村村规民约》，以党风廉政建设为抓手，建设廉洁、诚信、富裕的社会主义新农村。

《彭村村规民约》实施八年，全村变化巨大，经济大发展，第二、三产业迅速形成。人民生活奔小康，单种植淮山薯增加人均收入3000多元。社会治安明显好转，民事纠纷从2008年的350多宗下降到2015年的4宗，治安案件为零。干部作风好转，民心纯化，催生了彭村“贪一罚万”的廉洁精神、“给一做二”的实干精神、人人做义工的奉献精神和“良心秤”的诚信精神。近年来，彭村各项工作成绩显著，被评为广东省文明村、茂名市民主法治示范村，成为全市游览、参观、休闲的好去处。

【乡规民约】

为发展本村经济，稳定本村社会秩序、保护群众的经济利益，把我村建设成为精神文明、物质文明、政治文明协调发展的新村，根据《中华人民共和国村民委员会组织法》，结合全村实际，在广泛征求群众意见的基础上，经村民会议和村民代表会议讨论通过，特制订本村规民约。

一、村民委员会是村民自我管理、自我教育、自我服务的基层群众性自治组织，实行民主选举、民主决策、民生管理、民主监督。

二、保护耕地。未经有关部门批准不准占用耕地建房，不准自由买卖或抛荒耕地。

三、保护水利设备设施。不准在河堤、河滩、塘坝、圳边乱挖、取砂或种植农作物，凡属江堤集体用地范围的，如属他人侵占，一次性进行每平方米×元的罚款，并恢复原样，严重者还要追究责任。对蓄意破坏设备设施的，通报批评，并责令其赔偿损失。

四、保护山林地资源。凡属于集体和个人管理的林地未经批准不得乱砍滥伐，违者由镇林业站或村民委员会没收全部伐木，并提交林业执法部门处理。对于偷砍林木的，根据所偷林木的种类及经济效益进行价格清算处罚。由于人为因素引发山火者，视情节轻重进行处罚，构成犯罪的由司法部门追究其刑事责任。按政策规定，不能占用集体用地资源，凡未经村委会确认占用集体用地资源的给予从严处罚，并上报有关部门处理，乱砍林木的按以上偷砍林木条例进行处罚。

五、维护道路畅通。凡属村委会主干路、自然村村路，每个村民有责任保护及维修，居住路边的村民乱挖公路扩大自己地面的，如有违反一经发现，一次性罚款××元，并要恢复原路基。村民建房，必须服从村规划，申报批准后方可动工，并保证主干路面7米宽，自然村路面4米，如有强行违建者，每次罚款每平方米××元，并强行拆除，并报有关部门处理。凡偷公路石头、标记及公路两旁设施的按有意破坏公路处理，并罚款××元。在公路、村路范围内乱堆放余泥的，每次罚××元，所损毁路面由当事人负责恢复。

六、保持供电线路的安全和正常输电。对屋前屋后有阻碍线路的树木，该砍必砍，任何人不得刁难阻挠。用户必须按期缴纳电费，对长期拖欠者，交有关部门处理。

七、每个村民必须如期、如数、保质完成国家规定的各项任务和经村民会议或村民代表会议“一事一议”决定的合理收费、义务工等。

八、全村村民要自觉遵守《计划生育法》，严禁违反计划生育政策规定。

九、弘扬尊老爱幼、邻里和睦的风尚，杜绝吵骂、斗殴事件的发生。凡是虐待、遗弃老人、儿童、病人或无生活能力者，有责任供养而拒不供养的，由村民委员会对其进行批评教育，限期改正，情节严重屡教不改的，报司法部门处理。凡因小孩打架、家长帮凶者罚款××元，并赔偿医药费。凡村民因事打架，每人每次罚××元，并赔偿对方伤药费，严重者上报公安部门处理。凡属无理挑起民间事端或借故不执行调解、协议决定影响到群众生活的，罚款××元。

十、禁止以麻将、扑克、骨牌及其他工具进行赌博。对组织聚众赌博，影响极坏的窝家和个人一经抓获，移交公安部门从严处罚，对举报者严格保密，并给予适当奖励。

十一、村民必须维护集体、企业和他人的利益，爱护公共设施。对损害行为的肇事者进行通报批评，并责令其赔偿损失。

十二、进一步调整产业结构，促进农民增收，并定期组织种养殖技术能手进行义务传授技术，帮助群众发展生产、共同致富。

十三、村民委员会各成员奉行“贪一罚万”的廉洁精神，并接受广大村民的监督。凡是村委会成员贪污公家一分钱的，全村村民对其进行一万元的罚款。村委会各成员必须严格遵循“给一做二”的实干精神，把群众给予的一份力量做成两份事，切切实实为群众办实事、办好事。

十四、弘扬“人人做义工”的奉献精神，村集体公益事业建设、公共设施建设、治安巡逻、清洁卫生等日常管理均由村民做义工维持。

十五、弘扬“良心秤”的诚信精神。全村村民必须做到人人讲诚信，在全村形成一个讲诚信的和谐局面。

十六、本村规民约由村民会议或村民代表会议讨论通过，具有约束效力。

十七、本村规民约印发至各家各户，做到家喻户晓。

十八、本村规民约由本届村民委员会负责解释。

信宜市北界镇学地村

【乡村概况】

学地村位于信宜市北界镇北部，距信宜市区12公里，是省和茂名市卫生村、基层党建工作示范点。全村有自然村13个，总人口2100多人，共365户。村容村貌和环境卫生不断改善，村民生活和谐安定，村民民风淳朴，涌现出林贵芳、李国英等“茂名好人”。学地村通过村民自治，制定并通过了符合本村实际的《学地村村规民约》（简称《村规民约》），开创了“依法治村”工作新局面，从源头上减少和避免群众内部矛盾的发生、发展和激化。《村规民约》在规范村民行为的基础上，还促进全村规范管理，提高村民素质及生活质量，使村民之间更加和谐，有力推进文明、富裕、和谐新农村的构建，在全村推广实施后受到好评。

【乡规民约】

根据《中华人民共和国村民委员会组织法》的有关规定，经村民代表大会讨论并通过，特制定本村规民约，希望广大党员干部以及村民群众共同遵守执行。

一、社会治安

1. 遵守国家法律、法规，执行国家的各项方针、政策。每个村民都要学法、知法、守法、自觉维护法律尊严，积极同一切违法犯罪行为作斗争。

2. 村民之间应团结友爱，和睦相处，不打架斗殴，不酗酒滋事，严禁侮辱、诽谤他人，严禁造谣惑众、拨弄是非。

3. 严禁偷盗、敲诈、哄抢国家、集体、个人财务，严禁赌博。

4. 自觉维护社会秩序和公共安全，不扰乱公共秩序，不阻碍公务人员执行公务。

5. 严禁非法生产、运输、储存和买卖爆炸物品；经销烟火、爆竹等易燃易爆物品须经公安机关等有关部门批准。不得私藏枪支弹药，拾得枪支弹药、爆炸物品，要及时上缴公安机关。严禁毒鱼、电鱼、炸鱼。

6. 爱护公共财产，不得损坏水利、道路交通、供电、通信、生产等公共设施。

7. 严禁私自砍伐国家、集体或他人的林木，严禁损害他人庄稼、瓜果以及其他农作物，加强牲畜看管，严禁放流浪猪、牛。

二、消防安全

1. 加强野外用火管理，严禁山火发生。加强村民尤其是少年儿童安全用火用电知识宣传教育，提高全体村民消防安全知识水平和意识。

2. 户内电线要定期检查，损坏的要请电工及时修理、更新，严禁乱拉乱接电线。

三、村风民俗

1. 提倡社会主义精神文明，喜事新办，丧事从俭，破除陈规旧俗，反对铺张浪费、反对大操大办。不得传播淫秽书刊、音像，不得参加邪教组织。

2. 积极开展文明卫生村建设，搞好村容村貌，卫生清洁实行门前“三包”。遵守《学地村环境卫生管理办法》，严禁乱倒乱堆垃圾，特别是不能向河道乱倒垃圾、余泥等杂物。对第一次违反者责令纠正并给予口头批评；对第二次违反者责令纠正并给予全村通报批评；对第三次违反者责令纠正并给予全村村道清洁一次处罚；对第四次以上违反者，每违反一次负责村中所有垃圾的一次清理费用。

3. 村民之间要互尊、互爱、互助，和睦相处，建立良好的邻里关系。

4. 邻里纠纷，应本着团结友爱的原则平等协商解决，协商不成的可申请村调解委调解，也可依法向人民法院起诉，不得以牙还牙，以暴制暴。

5. 提倡晚婚晚育、少生优生，遵守婚姻自由、男女平等、一夫一妻、尊老爱幼。

6. 父母应尽抚养、教育未成年子女的义务，禁止遗弃婴儿。子女应尽赡养老人的义务，不得歧视老人。

四、学地村环境卫生管理办法

为加强我村环境卫生管理，改善村容村貌，提高村民生活质量，优化人居环境，结合本村实际，经村民代表大会讨论通过，特制定本村环境卫生管理村规民约：

村民必须自觉遵守各项卫生法规，增强卫生意识，提高卫生观念，养成良好的卫生习惯。

积极参加卫生清洁行动，支持和参与农村环境卫生建设改造。

落实环境卫生“门前三包（包卫生、包秩序、包绿化）”责任制，搞好房前屋后的环境卫生，保持院内外整洁。

生活垃圾必须按要求放到统一的垃圾收集点，并丢进垃圾桶内，做到垃圾不乱倒，余泥粪土不乱堆，污水不乱排，柴草不乱放。垃圾集中清运时间：下午5：00。

禽畜集中圈养，犬只拴养，不得散养，死亡禽畜要深埋。

不得在道路沿线、广场等公共场所乱搭乱建和堆放余泥杂物，保证道路畅通。

保持河道清洁，不得向河道、水渠倾倒垃圾、农药瓶和农田杂草、建筑余泥等一切杂物。

自觉维护村内绿化地段的树木，不擅自破坏，保持绿化地段无杂物、无杂草、无垃圾。

自觉维护好村内公共设施，不得破坏垃圾收集点、垃圾桶、绿地、路灯、健身器材等公共设施。

群策群力，踊跃出资出力，共建美好环境。各村民户要自觉缴纳卫生费（卫生费收取标准：每人每年3元），由村长造册登记并上缴村委会，对不按规定缴纳卫生费的村民由村委会进行张榜公示。卫生费主要用于保洁工人工资、补助以及维护、添置环卫设备设施等开支。村委会要设立卫生费专款账户，实行专款专用，相关使用开支明细实行季度公开。

村委会负责监督本法的实施，并有权对违反有关规定者采取处罚设施。

湛江市

吴川市黄坡镇上水港村

【乡村概况】

吴川市黄坡镇上水港村是一条拥有185户人家的村落，旧325国道将该村一分为二。该村位于鉴江下游出海处，这里江面开阔，风光秀丽，景色迷人。这里的水流相对平缓，是捕鱼和摆渡理想的地方，还是吴川市古代摆渡的地方。人口只有1000多人，村中却有5个姓氏聚居，这在吴川并不多见。上水港村现有耕地600多亩，全村人均不足5分地。土地属冲积土，土质十分肥沃。地势很低，几乎与鉴江的河面同在一条水平线上，利用灌渠可以实现自流灌溉。

近年来，该村群众利用优越的自然和便利的交通条件，建立了无公害蔬菜基地，群众的经济收入不断攀升。该村现约有400人在广州、深圳等地务工经商。近年来，该村积极开展创建生态文明村活动，村中外出青年实业家带着乡情回归，用大都市先进的理念规划村中建设，以人力物力资金打造生态文明村。从2002年开始，该村共集资200多万元铺设硬底化村道，安装路灯，铺设机耕路，安装自来水，修建学校、球场等等。2005年被评为“吴川市文明村”“湛江市生态文明村”。

【乡规民约】

为提高全体村民自我管理、自我教育、自我约束的能力，促进全村的安定团结和“三个文明”建设，根据法律、法规和国家政策规定，制定本村村规民约。

1. 全体村民均有保护耕地的义务。村内任何组织和个人使用土地都应服从村的统一规划和调整，不得侵占、买卖或者以其他形式非法转让土地。

2. 村民建房必须服从本村规划，并按照规定程序申报，在领取建房用地许可证后，按批准的地点和面积施工建房。

3. 合理开发和利用土地，严禁荒废耕地，对荒废耕地者，除责令限期恢复耕种外，报镇人民政府依法收取抛荒费。

4. 实行计划生育，对非法同居、非法怀孕和计划外生育，坚决按镇人民政府有关规定予以处罚；对有谩骂、侮辱、殴打计划生育工作人员等行为者，按有关法律法规和政策严肃处理，情节严重的报请上级主管部门依法处理。

5. 学龄儿童和青少年有依法接受教育的权利和义务。其法定监护人应保证子女接受九年义务教育。

6. 本村任何组织和个人一律不准招用16周岁以下的未成年人做工。违者责令限期辞退，情节严重的，报有关部门依法处理。

7. 凡符合服兵役条件的本村村民，都有服兵役的义务，应积极主动参加兵役登记、体检和应征，对逃避服兵役（包括不参加初检、不参加复检和体检合格拒绝服兵役）的村民，按照有关法律和政策规定予以处理，情节严重的由有关部门依法追究法律责任。

8. 要尊老爱幼，保护老人、妇女、儿童在社会和家庭生活中的合法权益，禁止虐待、遗弃、伤害行为。任何人不得剥夺已婚女子的合法继承权。丧偶子女有继承遗产和带户再婚的权利。

9. 父母、继父母、养父母对未成年的子女、继子女和养子女必须依法履行抚养义务。成年子女、继子女、养子女及其配偶，对基本丧失劳动能力或无生活来源的父母、继父母、养父母必须依法履行赡养义务。

10. 村民发生赡养纠纷时，由村调解委员会和村老协会进行调解，调解不成的，村民委员会支持被赡养人依法向人民法院提起诉讼。

11. 严禁任何单位和个人非法制造、经销、买卖、私藏管制刀具、火枪等凶器和危险物品；严禁吸毒、贩毒。任何人不得以各种借口煽动群众到机关、学校、企业、村民委员会办公地、他人住宅起哄捣乱、闹事、制造事端，不得寻衅滋事，扰乱社会治安秩序，一经发现及时报公安机关查处。

12. 不得非法搜身、侵入他人住宅和限制他人人身自由，不准诽谤他人和侮辱妇女，邻里之间发生纠纷不得采用威胁、要挟的方法，对殴打他人造成伤害的，应赔偿医药费、误工费等，情节严重的，提请司法机关依法处理。

13. 不偷拿国家、集体、他人财物，不在公路、水域航道上设置障碍，不损毁、移动指示标志，不损毁机耕道路、排灌渠道、耕作机械等集体公共设施，不乱砍滥伐盗伐树木。

14. 严禁传播淫秽物品，严禁卖淫嫖娼，严禁赌博和小偷小摸，反对迷信活动，严禁利用迷信活动造谣惑众、骗取钱财。

15. 积极推行殡葬改革，服从殡葬管理。提倡勤俭节约，反对婚嫁、丧葬大操大办。

16. 保护环境，美化家园，严禁猪粪排放到路上，推广标准化粪池建设。

17. 违反本村规民约的，除触犯法律由有关部门依法处理外，村民委员会可作出予以批评教育、责令其恢复原状或作价赔偿、视情况给予经济处罚等处理。

18. 凡被依法处罚或违反本村规民约的农户，在本年度不评先进、文明户、五好家庭户、遵纪守法户。外来人员在本村居住亦须遵守本村规民约。

19. 本村规民约有与国家法律、法规、政策相抵触的，按国家规定执行。

20. 本村规民约自村民代表会议通过之日起施行。

吴川市黄坡镇新店村

【乡村概况】

新店村位于吴川市黄坡镇，是革命老区村庄，现有500多人，以种水稻、香蕉和经销蔬菜为主，人均年收入达5000元以上。近年来，该村在退休干部吴庆文、村长龙健德等带动下，村民和外出老板积极捐资出力，共筹集300多万元，新建600多米的河堤和栏杆，并用环村大道把村场划分出三个区域（即耕作区、住宅区、生态文化广场区）。该村先后成为“湛江市生态文明村”“湛江最美村庄”“广东省首批宜居村庄”“广东省文明村”“广东省生态养生示范村”“广东省名村”，2014年成为农业部“美丽乡村”创建试点村。

【乡规民约】

为了维护社会的安定和谐，促进全村各项事业的全面发展，经村民代表会议讨论通过，订立如下村规民约，望全体村民共同遵守：

1. 热爱祖国，拥护中国共产党的领导，遵守国家法律法规，执行党和国家的路线、方针、政策。

2. 遵守社会公德、家庭美德、职业道德，讲文明、讲礼貌，尊老爱幼、和睦相处，正确处理好村民之间的相互关系。不得惹是生非，拉帮结派，不得聚众闹事，打架斗殴。

3. 弘扬正气，抵制歪风邪气，敢于同各种不良现象和违法犯罪行为作斗争，严禁赌博、吸毒、封建迷信等一切违法的和不健康的活动，提倡勤俭节约，反对铺张浪费。

4. 关心集体，关心他人，关心村里公共事业，积极参加村民会议，商讨公共事务。

5. 维护村容村貌，搞好环境卫生，美化生活环境，优化育人环境，严禁乱倒垃圾脏物。

6. 村民积极履行各种义务，主动参与道路、交通、学校、水利等公益事业的修建维护工作，依法服兵役和参加民兵组织，承担抚养教育子女和赡养老人，禁止家庭暴力和虐待行为发生。

7. 学科学，学文化，提倡晚婚晚育、少生优生，搞好计划生育，提高人口素质。

8. 爱护公物，不准侵占集体财物，不准损坏水利、交通、供电、电视、生产等公共设施。发现违规人和事，要积极制止并及时向村委会报告。

9. 提倡社会主义精神文明，移风易俗，反对封建迷信及其他不文明行为，树立良好的民风、村风。

10. 自觉养路护路，维护道路畅通，不准在村道、主道边搭建违章建筑，堆放废土、乱石、杂物，不准在路道上乱挖排水沟，不准在路肩上种植作物，侵占路面。

11. 遵守国家计划生育政策，优生优育，男女平等，尊老爱幼。

12. 凡外来人员进驻本村的，也必须服从本村管理，尽到应尽义务和遵守本村规民约。本村民外出的要办好流动人口管理证，主动及时履行相关的义务。

本村规民约由村民委员会负责执行，村民代表大会负责监督。对违反以上有关条款的村民，村民委员会有进行依法处罚，批评教育等权利。

肇庆市

怀集县梁村镇何屋村

【乡村概况】

早在两百多年前，何屋村已成为一方富裕之地。当时梁村圩都用“趁圩（指梁村圩）大铺头，何屋大门楼（指何屋民宅建筑宏伟）”来描述何屋对外的影响力。

何屋村始祖何魁文在康熙十八年（1679 年）从顺德白藤江尾和结拜兄弟唐三羽迁徙到怀集梁村定居安身、创业兴家。何魁文学富五车，精通周易、堪舆，为四乡八邻寻地安葬先人，所以乡邻对他无不感恩戴德，何魁文自然而然地成为地方名人，名播两广。

今天的何屋村有 200 多户，1500 多人口，每年高考都有多人考上大学，恢复高考至今有 200 多名大学毕业生。单从事教育行业的就有七八十人。何屋村从 2000 年以来先后被评为省生态文明村、省卫生村、省古村落、省名村。

【乡规民约】

何屋村村规民约

一、尊老爱幼，破除迷信，学法、守法、用法

二、防火防盗，保护妇女儿童的合法权益

三、学科学、用科学

四、爱护公物，保护公共设施，加强土地管理，未经批准不得乱建房
五、搞好环境卫生，不准乱丢乱倒垃圾
六、保护生态资源，共创文明家园

何屋祖训

一、勤为无价宝，俭乃护身符
二、处世要和平，居家宜孝友
三、为民勤政廉明，克己奉公
四、为人行善积德，助人为乐
五、远离毒品，不涉赌场
六、勤读圣贤书，精益求精
七、父慈子孝，兄友弟恭
八、处世戒争讼，讼则终凶
九、礼义廉耻，待人以礼、守信
十、有猷有为有守
十一、习武强身，报效祖国
十二、平等待人，童叟无欺
十三、静坐常思己过，闲谈莫说人非
十四、强中还有强中手，莫向人前夸大口
十五、让人一步不为愚，得饶人处且饶人
十六、未雨绸缪，三思而后行

封开县河儿口镇西村

【乡村概况】

河儿口镇西村位于封开县中部，人口约1000多人，水田8000多亩，以种植水稻、花生、砂糖橘、油栗和贡柑等经济作物为主。该村历史悠久，文化底蕴深厚，因唐代岭南第一状元莫宣卿出自本村，也被称为“状元故居”“状元村”，至今有唐宋古井、明朝长乐里牌坊、清朝民居等。村内有“孝肃状元”祠和状元墓，历代名人题诗、挥楹、新建状元林公园等历史人文景观，每年到西村拜祭莫宣卿的游客多不胜数。

该村村规民约起源于莫宣卿立下的《莫氏家训》，家训从忠君爱国、恭敬孝养、修身立志、仁义诚信、勤俭守心等方面阐明纲领要旨。莫氏一族考取功名的人比较多，除状元莫宣卿外，唐朝的莫藏用在唐大历年间曾做过员外郎；莫齐考取博学宏词科。据不完全统计，莫氏进士18人，举人30余人，国学30余人。由此可见此家训的影响。

【乡规民约】

一、尊老爱幼，扶贫助难，破除迷信；学法、守法、用法，待人有礼貌，说话和气，不说脏话、粗话，争创文明家庭。

二、加强防火防盗、禁止赌博，维护社会秩序，反对打架斗殴，寻衅滋事，保护妇女儿童的合法权益。

三、学好农业实用技术，搞好邻里之间关系，和睦相处；反对虐待老人、不赡养老人，破坏寨邻团结的行为。

四、保护公共设施，加强土地管理，未经批准，不能随便建房。

五、爱护公共卫生，不准乱丢乱倒垃圾。

六、保护生态资源，创建文明家乡，搞好环境卫生。

七、村民互相监督，共同改进。

【文明风尚】

为了适应新时期的要求，创建一个文明、安全、规范、卫生的村庄，加强村容村貌和环境管理，维护村民的合法权益，保障经济社会快速发展和人民群众的身体健康，促进物质文明和精神文明建设，西村结合相关法律法规知识及在《莫氏家训》的基础上，制订了本村村规民约。村规民约共七条，经全村党员、村组干部、村民代表大会研究一致通过，得以实施。绝大部分村民都能严格执行规约，切实尊重规约，持之以恒遵守规约，使西村近年来经济社会发展得到了明显的变化。

西村在2007年被省、市评为卫生村、文明村先进单位；2008年被评为肇庆市先进基层党组织和平安建设示范点。2015年被省评为“广东省名村”。此外，西村一直是封开县中水片地区出大学生最多的村。

清远市

清新区浸潭镇虎尾村

【乡村概况】

虎尾村村规民约作为该村村民自治的制度化、规范化的成文形式，最初是村民为了使村里邻里在生产生活中相处融洽，减少纠纷，自发制定，约定俗成的惯例。后来随着经济的发展，村民的法制意识越加强烈，逐渐增加了能够促进虎尾村发展且贴近现实生活需要的内容。最终经村民大会讨论通过，制定了全体村民必须自觉遵守的不能违反的村规民约。

该村规民约主要涉及社会公德、家庭美德、村风民俗、邻里关系、公共秩序、治安管理等各个方面，是立足于虎尾村的实际情况及村民需要所制定的，能很好地避免村民在实施过程中产生抵触心理，发挥它的作用。自该村规民约制定以来，村干部、村民把它作为一种自我教育，自我约束的行为规范，在国法之外，村规民约也以它柔和的特点，合理地调整着村里的社会生活秩序。虎尾村也因村规民约，经济社会各方面得到进一步发展。

【乡规民约】

村　规

第一　拥护共产党，胸怀祖国听党话，爱国爱家爱集体，建设富强文明村。

第二　团结要搞好，学会忍让最重要，邻居家人好相处，开心快乐齐欢笑。

第三　遵纪守法好，违法行为切莫做，见义勇为惩邪恶，社会和谐乐安居。

第四　尊老爱幼好，赡养父母尽孝道，见贤思齐慕高风，互相帮助要发扬。

第五　勤劳致富好，多种经营创财富，好吃懒做要不得，鼓足干劲奔富康。

第六　文化科技好，严管子女勤读书，发展财富靠文化，开拓进取才兴家。

第七　讲究卫生好，村内室内勤打扫，不要随地掉垃圾，身体健康家安乐。

第八　家庭和睦好，夫妻相敬同到老，婆媳妯娌心连心，幸福人家笑哈哈。

民　约

一、积极维护国家和集体的利益，保护村民合法财产所有权；坚决同一切坏人坏事和一切损人利己的行为作斗争。

二、坚决维护正常的生产秩序，勤劳致富，发展生产，保护庄稼，反对一切破坏生产的行为，共同监督，齐心合力建设和谐富强新农村。

三、严格管教子女，教育子女从小立志，不敢落后，勤读书，建立读好书才有出路的理念；积极鼓励子女为国参军，树立一人参军全村光荣的光荣感。

四、严禁任何人私自开垦、侵占集体山岭。（全部山岭都是集体所有。要开垦必须经得村民小组、村民大会通过同意，并以承包的方式交纳租金才可。）

五、不准破坏公共设施和设备（灌溉排水设施、道路、供电线路、电视线路、通信线路、自来水、文体设备等），不准乱砍滥伐山林，不准在林区野外用火。

六、发扬艰苦创业、勤俭持家的精神；反对铺张浪费、好吃懒做的坏作风。

七、严禁参与一切违法乱纪活动，做讲公德、守秩序、遵纪守法的好公民。

八、树立尊老爱幼、尊婆爱媳、邻里和睦、互相帮助、发愤图强、共同富裕、安定团结的好村风。坚决反对打架斗殴，拉帮结派，聚众闹事，虐待老人，破坏团结的不良行为。

潮州市

潮安区江东镇洲东村

【乡村历史】

洲东村因地处韩江东溪西岸冲积沙滩仁里庙洲的东面，故名。村民姓蔡，是宋代名宦蔡襄（天圣年间进士，官至端明殿大学士）的后裔。最先创村的是明末魏姓，后来杨姓也到此定居。明以后，东南沿海商贸活动繁盛，万历元年（1573 年）福建莆田蔡姓先辈用船运布料、日杂百货到潮城及洲东等地出售。至清初，官府下令“迁海界”进行经济封锁，海上运输中断。运销商蔡源盛只好弃商从农，在此定居创业，成为蔡姓肇基祖。晚清时因韩江常年泛滥成灾，魏、杨二姓田园遭洪水冲击，崩陷江底，耕地流失，没法生活。魏姓于同治元年（1862 年）迁往磷溪镇仙埔美村定居，杨姓也迁徙邻村落户，两姓中有个别没迁徙的则改姓与蔡氏聚居。

【乡规民约】

热爱中国共产党、热爱国家、热爱家乡、热爱家庭。做合格的公民。

讲文明、讲道德、讲卫生、讲礼貌、讲秩序。

把家训、家风，勤俭治家、和顺齐家、谨慎保家、读书起家、忠孝传家，作为传家宝。

要爱护生态文明，要留住乡愁。要种花种树，绿化环境，要搞好家庭卫生。不乱扔杂物，不乱倒垃圾，不随地吐痰，不乱用农药，不损坏花草树木。

要遵纪守法、依法办事。不违法乱纪，不损人利己，不违反社会公德，不多拿多占，不小偷不摸，不吵架打架。反对家庭暴力，反对侵犯妇女、儿童权益。

倡导文明、移风易俗。要办好教育，培养子孙后代。要以人为本，创造宜居环境；要创新发展，科学种田；要从简从俭料理红、白事，反对浪费，反对大操大办，减少家庭负担。

全村一家亲，扶危济困，乐施助人。要关心弱势群体，为困难家庭排忧解难，积极参加慈善活动。

坚持正义、压制歪风。要大力宣传表扬好人好事，传递正能量。对违法乱纪的人和事，要敢于斗争，敢于批评，不护短、不包庇；处罚要严明、公平公正。

【文明风尚】

洲东村在村规民约的倡导下，涌现出一大批文明家庭和道德模范，成为村民身边的榜样。如村民蔡凤花在20世纪70年代就挑起抚养四个孤儿的重担，不是生母胜似母亲，他们一家也被评为“广东省文明家庭”。退休老干部蔡宗桂坚持多年义务种树绿化，被村民称为“活雷锋”。民妇张丽刁悉心照顾烧伤卧床10年的婆婆，被评为“潮州市十大好媳妇”之一。重视知识，读书起家在全村已蔚然成风，人才辈出，据统计，全村有大学生200多名，其中硕士13人，在政府任职的市级、处级、科局级干部30多人。

饶平县黄冈镇大澳村

【乡村概况】

黄冈镇大澳地处沿海，毗邻县城，现有人口14,497人。全村辖区面积16平方公里，居住面积1.5平方公里，耕地面积3000亩（其中水田2300亩，旱地700亩），虾池5000亩，海滩涂面积近一万亩主要经营鱼、虾、蟹水产品和花蚶、珠蚶养殖生产，2012年全村工农业总产值1.486亿元，村集体经济纯收入415万元，人均收入6775元。2007年被县委、县政府定为社会主义新农村建设试点村，被市定为“六好社区”，2010年被省评为“卫生村”，被市评为“文明村”。

近年来，村“两委”围绕“生产发展、生活宽裕、乡风文明、村容整洁、管理民主”的社会主义新农村建设的要求，扎实推进社会主义新农村的建设，使群众安居乐业，社会秩序稳定、良好，环境整洁，经济社会健康有序快速发展。

【乡规民约】

为保障改革开放的顺利进行，创建和谐社会，确保村民的人身和财产

大澳文化公园

安全，更好地维护居住环境和治安秩序，特制订本乡规民约：

一、加强村政建设。总体规划和住宅建设管理，制止乱搭乱占用地，减少建房纠纷。

二、认真开展群防群治。大力宣传防盗、防火、防破坏、防突发事故、防矛盾激化的“五防”工作，对“五防”有触犯的坚决予以打击，直至扭送公安机关依法严惩。

三、所属辖区村民，包括外来的居民，发生打架斗殴及其他不稳定因素引起的纠纷，当事人双方按情节轻重，分别缴交500元、1000元、3000元的按金，作为调解处理的经济补偿，多退少补，情节严重的，扭送司法机关追究其经济及法律责任。

四、加强外来人员的管理，外来租借的住户在入住前须与户主一同前往治保会办理租借的有关手续，拒不办理手续私自进住者，按违反户口管理规定严肃处理。

五、严禁在所属辖区的山地乱做“风水”，变相出卖耕地和为制假等非法经营提供场地，一经发现，视情节严重给予罚款，情节特别严重的，追究其法律责任。

六、实行殡葬改革，杜绝土葬，坚决实行火化，擅自土葬者，责令起尸火化，并处罚款，情节特别严重的，移送司法机关处理。

七、严禁破坏山林果树，违者按棵数计算，每棵罚款×元。反对二重葬，不准在责任田园修做“风水”，新做坟基规定在4米×5米范围内。在本村辖区内新做坟墓，应先向村治安组及承包承管主管人员报告，同意后方可进行，而损坏果树的，按上述规定罚款。

八、维护村内环境卫生，人人有责。村内各个地段的垃圾应按指定地点堆放，每天由村卫生管理人员集中清理后运往垃圾场处理。为搞好环境卫生综合管理，村委会从2008年起规定按村内常住人口收取卫生费，每人每年收取3元。各铺户、摊点、工场按年收取卫生费10至60元，所收取的卫生费由村统付村级卫生费，不足部分由村政补充。严禁在本村范围内的池塘倒垃圾、废土、杂物，违者处罚款×元。

九、村民修建住宅的建筑垃圾，必须自行清理，不得随意堆放在村道大路上，违者将视情节轻重予以处理，并责令清除。

十、三轮以上机动车不准停放在公共通道上影响通行，夜间12点后停放在路面的，每次罚款×元。

十一、凡偷摘水果的，一经查实，视情节轻重，分别给予赔偿损失及治安罚款处理。

十二、“三鸟”、家禽在稻田排水后，一律不准在稻田放养，违者将视情节轻重，分别予以赔偿损失及治安罚款处理。

十三、严禁在村范围内破坏水利设施、各埭进排水渠道、关闸，违者将视情节轻重，分别予以赔偿损失或交由司法机关究办。

十四、凡在村范围内偷盗水产养殖品，分别予以赔偿损失及治安罚款处理。情节严重者，交由司法机关究办。

十五、禁止在村范围内开设网吧、游戏室、赌场，如有发现，将坚决予以打击、取缔，情节严重者，交由司法机关究办。

十六、在未经自来水供水单位同意情况下，不得私自接水表、水管，不得私自开、关水闸阀，否则，将以窃水论处。对窃水的用户，由供水单位责令其补交水费，并处以罚款；情节严重者，提交司法机关究办。

十七、严禁破坏村自来水供水设施。损坏村供水设施的，应赔偿由此造成的损失。构成犯罪的，依法追究刑事责任。

十八、本乡规民约经村党员、村民代表大会讨论通过，并在通过之日起执行。希全体村民共同遵守。

【乡规故事】

2015年4月20日，村治安会接到报案：村民郑良才和郑从明，在改造旧房时发生争执和斗殴，导致郑从明身上多处受伤。村治安员接报案后立即赶赴现场进行制止，把事态控制住。村里立即组织治安、国土案情小组，对这件进行深入调查，并报派出所备案。经核实鉴定，郑从明为轻伤。

鉴于没有过重的事态发生，双方承认错误，不予送交公安机关处罚。双方经调解达成协议，村治保会根据村规民约第三条的规定，给予郑良才赔偿郑从明的医药费等费用4.3万元的处理，平息了这宗纠纷事件。

2016年农历正月初三夜，村民郑臣家和郑臣池因车辆双碰发生纠纷，报110，经民警核实，达不到立案的条件，由村政进行民事调解。调解会及时了解双方发生纠纷的过程、起因等，并进行多次调解，双方承认过失，同意由村调解会调解处理。

村调解会根据村规民约第三条规定处理，由郑臣家一次性补偿郑臣池2000元维修车辆，双方医药费各自负责，双方同意协议了结纠纷。

村规民约的订立使村政在处理日常民事纠纷时，达到有约可依，无规矩不成方圆的效果，完善了村规民约的严肃性，保障村民的自身权益，为社会治安的稳定起到积极的作用。

饶平县柘林镇柘中社区

【社区概况】

柘中社区位于柘林镇镇区中心，成立于1958年，辖区面积约1平方公里，现有人口8068人，党员59人，辖5个居民小组，分布于镇区以及柘北村后井、上汤、下汤片区和内里村片区，有其特殊性。

【乡规民约】

第一条　社区居民应遵守国家法律、法规，遵守公民道德规范，倡导社会主义核心价值观，做爱国守法、明礼诚信、团结友善、勤俭自强、敬业奉献的好居民。

第二条　热爱祖国、热爱社区，自觉维护社区荣誉和利益，支持社区党组织、居委会、居民代表大会、社区议事会的各项工作、决议和规定，积极参加社区各项公益活动和志愿者活动。

第三条　加强社会主义精神文明建设，努力学习科学文化知识，讲文明，懂礼貌，不讲脏话、粗话。居民应积极参加社区的文体队伍，推动社区各项公共活动和各类公益性活动的开展。

第四条　发扬尊老爱幼传统美德。父母应尽教育抚养未成年子女的义务，当好监护人；子女应尽赡养老人的义务，与老人分开居住的家庭成员，要经常回家探望老人，打电话问候老人，关怀老人。夫妻相互尊重，家庭和睦，男女平等，不歧视妇女和残疾人；家庭发生矛盾纠纷，要相互忍让，协商解决。

第五条　建立正常人际关系，不拉帮结派。提倡社会主义精神文明，移风易俗，反对封建迷信、邪教组织，不搞封建迷信活动，不参加邪教和非法组织活动。

第六条　邻里之间要相互多往来，增进交流，和谐相处，要互尊、互助、互爱，以礼相待，不做损害他人利益的事；邻里发生纠纷，应互谅互让，能自行和解的，自行和解处理，和解不成可请求社区调解委员会调解，要相信组织依法解决。

第七条　厉行节约，反对铺张浪费。不大操大办红白喜事。提倡文明治丧，禁止丧事活动影响他人，文明祭祖，推行火葬，节约用水、用电、用气。

第八条　自觉遵守计划生育政策。居民不得以外出务工经商为由政策外生育，也不得藏匿外来流动人口政策外生育。已婚妇女自觉接受妇女普查服务，政策外怀孕应自觉采取补救措施。

第九条　倡导低碳环保生活方式，共同建设环境优美社区。主动参加社区的环境卫生打扫。生活垃圾倒入指定位置，房前屋后不堆放杂物，自行车、机动车按指定地点停放。不损坏公共设施和花草树木，自觉缴纳清洁卫生费和生活垃圾处理费。

第十条　遵守信访条例。不违反法定程序越级上访和聚众集体上访，不造谣、不传谣、不信谣。

第十一条　珍爱生命，远离毒品，不制毒、不吸毒、不贩毒，自觉抵制毒品危害，主动检举揭发涉毒犯罪行为。

第十二条　本公约由柘中社区居民委员会负责解释。如有与国家法律、法规、政策相抵触的，按照国家法律、法规、政策执行。本民约从公布之日起实施。

【文明风尚】

柘中社区居民公约于 2010 年制订至今，通过不断借鉴中华民族传统美德和社会主义核心价值体系逐渐完善，树立自由、平等、公正、法治的价值取向，秉持爱国、敬业、诚信、友善的价值准则，明确生产生活、伦理习俗、宗教信仰、婚丧嫁娶等事项，得到广大居民的认可，规范着社区的秩序。

揭阳市

揭东区云路镇新桃村

【乡村概况】

新桃村是位于揭东区云路镇东边的一个自然村，属半山区村。地理位置优越，交通四通八达。全村现在耕地面积 800 亩左右，总人口 456 户共约 2150 人，村道全面铺设水泥路。村经济来源主要有发展三高农业和珠绣手工业。

【乡规民约】

一、文明建设

1. 本村村民必须拥护中国共产党的正确领导，在各级党委、政府的正确领导下，认真执行党的路线、方针、政策，遵守国家法律、法规，遵守社会公德，礼貌待人，邻里和睦相处，互相尊敬，互相帮助，勤劳持家，家乡和谐，共建家园，共奔小康，为建设社会主义新农村多做贡献。

2. 提倡村容整洁，美化绿化村容村貌，净化环境卫生，反对损坏树木花园、电源水利设施、公共财产和破坏公共设施，反对乱搭乱建，乱占公共场地，严禁在公共场地乱堆乱放垃圾杂物破坏集体财产。

二、卫生管理

为维护我村的公共秩序，美化村容村貌，制定如下规约：

1. 村民必须自觉搞好门前、巷道环境卫生，反对在公共场地、村围交通要道乱搭临时设施、拴牲畜、乱倒垃圾杂草杂物，乱晒肮脏物品、什粪，影响交通和环境卫生，损害村民身体健康。

2. 为维护公共卫生和保持村容整洁，村民住宅门前，必须各自使用堆倒垃圾杂物的卫生桶，保持门前巷道卫生整洁，道路畅通。

3. 广大村民必须自觉养成讲卫生、爱整洁、爱公物的良好生活习惯，增强环境意识，严禁向村内、村围水沟倾倒垃圾、渣土、杂草杂物、粪便等脏物。对故意违反行为，教育无效，村将按卫生管理有关法律法规和村规民约给予警告，限期搬迁或收取管理费。

三、治安管理

1. 广大村民要自觉学法遵法守法，同一切违犯法律法规的违法犯罪行为作斗争，做到邻里和谐、团结互助，不打架斗殴滋事、侮辱诽谤他人、造谣惑众、搬弄是非、损人利己、伤害他人。

2. 对民事纠纷、吵架斗殴的行为人，双方当事人应自觉接受村治调会的调解处理，认真检查对待事实，正确接受治调会的调处。对吵架打架斗殴致伤需住院治疗、问医者，应服从治调会并由治调会指定单位就医解决处理，否则，一切开支概由自负。双方致伤者，由治调会按实情请医师治疗，支付药费，如若伤者需住院，住院期间应遵循医生诊断、对症下药，不能私自服药，需在院外购药者，应申请治调会后由治调会协同医生商议，取得医师同意后才可购买，否则医药费概由自己负责。

3. 无故打人致伤者应负责被伤者的药费、误工费、住院费、护理费及营养补偿费，如有第三者插手使他人致伤，应由第三者负责，而第三者插手而自己致伤，一切费用概由自己负责。

四、计划生育管理

1. 广大村民必须自觉遵守人口和计划生育法、自觉落实避孕节育措施，实行计划生育，严禁计划外生育。对主动配合村政自觉落实计划生育的四术对象，村将按制度给予营养补助。对长期逃避计育四术，逾期而不落实结扎的计育对象，村将按情节轻重，给予停止享受村的福利待遇。

2. 外地嫁来本村和外地寄户的育龄夫妇，其计划生育任务同本村村民一视同仁，由本村按计育政策实行管理，对自觉接受村的管理和自觉落实计划生育四术的对象，村将按制度给予营养补助。

五、户籍户口管理

凡户籍在本村的公民都是本村的村民，应自觉履行《宪法》、法律规定的义务，服从本村的户籍管理：

1. 在本村租屋居住的外来常住人员除在公安派出所申请登记办理暂住证件外，出租屋主必须主动向本村治调部门报告情况办理登记手续，并应接受村治调部门的查验手续证件。对无办理暂住证和不报治调部门登记报告者，村治调部门有权按流动人口管理和《治安管理条例》、村规民约实行查证、查验，如发现违反有关法律规定和村规民约的，村治调部门将给予批评教育，对故意扰乱治安，影响村民居住的，村将按法律程序移送公安机关追究法律责任。

2. 对长期寄户在本村和外嫁女已办理结婚手续但户口又未迁出的，原则上村将不给予享受本村的福利待遇和人口田分配。

3. 对外地嫁来本村户口未迁入但在本村居住三年以上，已与本村村民结婚生子，又自觉接受村的管理，自觉执行计划生育政策，现居本村村民，村将按实情视其居住动态，可与本村村民同等享受本村的福利待遇和人口田分配。

4. 凡挂欠拖欠公款，违反计划生育的人员今后需来村办理有关证件手续时，必须先履行所需的义务后才可办理证件手续，否则村有权不给予出具有关手续证件。

【文明风尚】

20 世纪八九十年代，新桃村便形成了相关的村居行为规范，但其中许多条文已远远落后于时代与形势，在某些方面已禁锢了村民们的思想和手脚。2014 年 5 月，村紧紧围绕“建设一个好班子、建设一套好制度、建设一个好家园”这一主题，修订、新订、收录了乡规民约以及其他 17 项制度，初步探索出了一条使农村工作走上制度化、规范化轨道的新路子。

普宁市流沙市区新坛村

【乡村概况】

新坛村位于普宁市流沙市区东郊，是广东省生态文明村。国道 324 线（广汕公路）穿村而过，紫晖园花木苍翠，新坛生态园花果飘香，河仔溪风景带秀色宜人。全村面积 2.7 平方公里，总人口 1.2 万多人，2600 多户。下辖新祠堂、莲叶埔、西湖里、白虎头、后壁园、三沟洋、新南、高龙 8 个自然片区。全村形成了以商贸为主，加工业、服务业为辅的产业结构，从工从商者众。

新坛村结合本村各个历史时期发展的实际情况，逐步建立健全了各项管理制度和村规民约、新坛村训、新坛精神等，并汇编成册后分发到各家各户供遵照执行。

【乡规民约】

新坛村训

以人为本，关注民生共谋发展；
以法为大，循规蹈矩克己奉公；
以德为上，倡导文明同树形象；
以诚为重，履诺守信珍惜名誉；
以勤为道，艰苦创业发家致富；
以教为先，崇尚文化兴学育才；
以和为贵，尊老爱幼敦睦乡谊；
以寿为荣，注重锻炼健体强身。

新坛村训

新坛精神

爱国爱乡　　遵纪守法
唯勤唯俭　　宽容友善
崇德尚文　　诚信敬业
敢为人先　　创新发展

普宁市洪阳镇鸣岗村

【乡村概况】

鸣岗村在普宁市洪阳镇西南端，毗邻镇区，距离普宁市区15公里。省道236线和237线穿境而过，交通便利。区域面积3.8平方公里。全村分为永春寨、后山头、大寨内、前沟、进上、柑园、候洋新寨等7个自然村，总人口约1万人。聚居呈点块状分布，建筑多为贝灰三合土平房，乡风文明纯朴，环境优美。

【乡规民约】

第一条　村民应自觉学法、懂法、守法、护法，要运用法律武器保护自己，维护自己的合法权益；要树正气，敢于同社会上各种违法、违纪行为和各种违法犯罪活动作斗争，争做自觉履行公民义务的带头人。

第二条　村民应增强爱国家、爱集体、爱邻里的观念，弘扬社会美德，倡导和谐文明的社会主义新风尚。村的大型活动，村民要自觉遵守公共秩序，进退场不得争先恐后，不得随意高声大唤，不得在活动期间乱放鞭炮。

第三条　实行计划生育是每个公民应尽的义务，提倡晚婚晚育、少生优生，努力提高人口素质，提高村民健康水平。凡属计生对象，经村或所在分会通知，而不配合落实计划生育者，除政府征收社会抚养费外，村征用土地时不得享受村优惠的地利款，不得享受村医保投保金等福利待遇。

第四条　全村土地属集体所有，村民应遵守土地管理法的有关规定，切实保护好耕地，做到不丢荒、不弃耕。任何人不准在责任田上乱搭乱建、乱取土，更不能私自买卖土地。土地归集体所有，村民只有种植权，没有所有权。村民在承包责任田期间，如遇国家集体征用土地，村民应无条件支持配合。外来人员租用我村土地的，应按我村《关于外来人员租用土地的若干规定》执行。村民需建房的，必须向村委会提出书面申请，经上级有关部门批准，办妥相关手续后方可动工，严禁无报批手续违章建设。为确保村的整体规划顺利实施，村民修建旧屋，应确保原来面积和高度，并向所在分会报告，经村同意后方可动工维修。

第五条　为发展壮大集体经济，欢迎客商来村办厂做生意，对外来人员到我村从事正当务工、经商或办企业的，应予支持保护，服从我村综合执法部门的管理。任何人不得无理取闹，威胁客户，借口勒索他人财物。

第六条　加强对外来人口和出租屋的管理，凡在本村辖区内的所有外来人口和已登记的暂住人员，应持本人身份证等有效证件到村治保会申报登记，并向上级政法部门办理暂住证；出租屋主应到村治保会签订“治安管理责任书”，如未办理相关手续入住的，一经查出，从严处理，造成后果的，追究出租屋主的一切责任，后果严重的，送交政法机关依法处理。

第七条　凡在我村辖区内的一切机动车辆、流动人员以及本村村民，治安执勤人员或村干部、群众，发现可疑情况，有权进行询问，并立即向村或上级有关部门报告。

第八条　为搞好环境卫生，提高村民的健康水平，村民应自觉遵守《鸣岗村卫生公约》，自觉形成“人人讲卫生，户户讲保洁”的良好氛围。村民要爱护公共财产，自觉保护好有线电视、广播线路、宣传栏、路灯、水利设施以及村标志性建筑物等公共财产。如发现损坏的要按价赔偿，如故意破坏的，一经查出，将按时价×倍给予赔偿，情节严重的，报上级政法机关依法严惩。

第九条　确保村道道路畅通是每个村民应尽的职责，严禁村民在本村的主要水泥大道上、文化广场、新广场等场所乱堆、乱放砂石等杂物和在新广场内晾晒东西。村民因建设确需临时停放的，应向村委会提出申请，在确保安全的前提下，经村委会同意后方可临时停放。如私自乱停乱放乱堆所造成塞车或行人致意外事故发生，停放事主应承担一切责任。村道路口设限载警示牌，凡超载车辆一律不准进入，违者，按行驶路段损坏情况给予赔偿。

第十条　植树种花，绿化环境，美化、亮化村容村貌是一项民心工程，村民应遵守《鸣岗村绿化公约》，自觉保护好树木花卉及村的一切绿化设施，对损坏的应给予赔偿，对于故意破坏的，从严处理。

第十一条　四旁五边地、埕地、山地、溪河、池塘、沟渠、老宅基地、道路等公共场地为村集体所有，村民不得随意侵占。村民确需临时借用或临时搭建的，应向所在分会提出书面申请，经村委会会议讨论同意，办妥相关手续后，方可搞临时搭建。如未经申请批准的，一律给予拆除，恢复原貌并落实处理。对于外来人员租用本村土地，确需临时搭建的，应向村委会提出书面申请，经勘查同意后，临时搭建户应提交本人身份证复印件并如实申报入住人员的身份，上缴土地垦复基金并服从村综合执法部门的管理和监督。严禁外来租田人员和本村村民占用土地乱搭乱建，违者，一经发现，立即予以拆除，并视其情节进行处理。

第十二条　对盗窃、破坏农作物和其他果树苗木、家禽畜类等东西，视其情节进行赔偿并落实处理。

第十三条　发展教育，培养人才是本村的一贯宗旨。在校学生必须遵守《学生守则》，尊师重教，自觉养成好学上进的良好学习氛围。村将鼓励在校学生努力读书，成绩突出者，给予适当奖励。村民子女考上大专院校，村将一次性奖励400—800元奖学金。

任何人不得随意进入校区滋事，扰乱学校正常教学秩序，更不能破坏学校公物，辱骂师生。违者，追究有关人员责任，情节严重的依法报司法机关进行处理。

第十四条　树立文明新风，弘扬社会美德，提倡文明待人，礼貌待客。不准村民以强凌弱，结伙斗殴，拉帮结派，造谣惑众，寻衅滋事；不准搞封建宗派活动和迷信活动，更不能利用房界关系挑起事端，影响安定团结。

村民发生纠纷，先由分会调解，凡需村调解会调解的，双方当事人应先提出申请，并交纳一定按金，待案情调查清楚之后，分清责任，所交按金多退少补。村民发生纠纷，有外来人员帮凶的，所造成的一切后果，由当事人承担责任。村调解会所办理的民事纠纷案件，如当事人不服从调解会处理意见的，可在接到处理意见书之后7天内向上级司法机关提出上诉。

第十五条　为推动我村“三个文明”建设的不断深入开展，提高村民的整体素质，弘扬传统和谐的村风、民风，村积极开展创建“文明村”“文明家庭”“平安村”“平安家庭”“读书竞赛”“文明户标兵”和“美德在农家”等各项竞赛活动。为鼓励村民热情踊跃参与，村将制订相关方案和措施，对于在活动中做出突出成绩的家庭给予适当的表扬和奖励。

第十六条　尊老爱幼是中华民族的优良传统，赡养父母或抚养未成年人子女是个人神圣的职责，义不容辞。任何人不准虐待老人、儿童和妇女，更不准弃婴、溺婴。违者，给予从严批评教育，责令其履行义务，情节严重的移交公安机关追究法律责任。

第十七条　保卫祖国是每个公民的神圣职责和光荣义务，适龄青年积极报名应征，经体检合格的，应服从祖国召唤，履行义务，为村争光，为家庭争光。

第十八条　切实做好安全生产和安全防火工作，在本辖区内的厂、场、站、餐饮业和家庭小作坊，要自觉搞好安全防火工作，掌握安全防火常识，增添消防器材，确保消防通道畅通无阻，坚决杜绝火灾事故的发生。

在家庭，要教育儿童不要玩火，确保家家平安，户户安全。农户对于供电线路、煤气管道等易燃易爆物品，要定期进行检修维护。对于故意纵火破坏，危及他人人身及财产安全的，一律移交公安机关，依法追究肇事者的一切责任。

第十九条　移风易俗，倡导厚养薄葬，丧事简办，勤俭节约，反对铺张浪费，严禁丧葬队伍上省道和在学校周围时奏乐、敲锣打鼓，以免阻碍交通和扰乱学校正常教学秩序。

第二十条　严禁外地人员和本村村民以任何方式在我村辖区内开摊设点，聚众赌博、吸毒、贩毒。违者，除收缴赌具毒品外，移交公安机关追究相关人员的一切责任。

第二十一条　村老年人协会在村党总支、村委会和协会党支部的领导下开展工作。老年人协会会员要充分发挥夕阳余热作用，宣传党的路线、方针、政策，利用会员自身德高望重的声誉和多年工作经验，协助开展各种有益身心健康的文化娱乐活动和全民健身运动，利用寒暑假时间，举办各种培训班活动。同时，协助做好“校外五老辅导站”、教育关心培养好下一代工作。

第二十二条　《村规民约》是全体村民的自治公约，村的干部、治安执勤人员在按《村规民约》行使权利时，受到法律的保护。任何人不得打击报复，违者，坚决从重从严处理，情节严重的，报上级政法机关追究法律责任。

第二十三条　根据当前形势发展和工作需要，成立鸣岗村“综合执法队”，负责全村综治维稳、处置突发性事件、建设违章管理、禁毒、禁赌、环保、打假、安全生产和殡改等执法工作。

【文明风尚】

鸣岗村村规民约的制定，适应村民自治要求，是村民在生产、生活中共同遵守的一种行为规范，是广大村民共同意志的体现，是村民实现自我管理、自我教育、自我服务的行为准则，更是化解邻里矛盾纠纷、维护全村和谐稳定、提升本村民主法治水平的有力保障，具有教育引导和约束惩戒作用，对于促进村民自治、规范村民行为等方面具有重要意义。

普宁市燎原街道泥沟村

【乡村概况】

普宁市燎原街道泥沟村是一个现有人口3456户，21,075人，旅居海内外有十万人的大村庄。

元世祖至元二十二年（1285年）张翠峰偕妹翠娥，因避战乱从福建莆田大菜园迁来泥沟村定居，为泥沟张氏开基始祖。明朝永乐二十年（1422年）许氏顺德公从潮阳大寮乡移来泥沟村开基创业，为泥沟许氏开基始祖。明朝嘉靖三年（1524年）郑氏第九世德轩、德兴二公因避战乱从福建永定、上杭移来泥沟潭墘、后岭等地定居。明朝万历元年（1573年）孙启还第五子从夏地村浮山移居泥沟村创祖定居。清朝后期至民国时期先后有陈、周、李、王、姚、温、郭、邱、余、杨、田、黄、方、官、庄等姓氏迁移来泥沟村定居。因人口不断繁衍，为使乡民能过上安稳生活，万历二十八年（1600年），各姓氏有威望的族长聚会，立下最原始的乡规民约，并勒石于真君古庙大门左墙上，以利乡民敬奉真君爷时观看遵守。后世乡里各族长均议立乡规民约，乡民遵守，乡民过着富足生活，农牧业得到发展，乡民安居乐业，人口不断增长，村落建设不断扩大。

【乡规民约】

为维护我村社会治安秩序，发展经济，保障村民的生命财产安全和公民的合法权益不受侵犯，创建文明祥和、治安稳定的良好环境，促进村“三个文明”建设的发展，根据《中华人民共和国治安管理处罚法》及有关法律政策，结合本村实际情况，特制订如下村规民约：

1. 村民应自觉学法、懂法和守法，要敢于同一切违法犯罪行为作斗争，要树立社会主义道德观念，反对一切不文明的行为，共建社会主义文明村。

2. 自觉完成上级政府下达的各项任务，对于故意拖欠或拒不完成者，经教育无效，视情节轻重采取相应措施予以经济处罚。

3. 实行计划生育是每个公民应尽的义务。凡属应落实计划生育的对象，都应自觉地在村规定的时间内落实。违者，按计划生育有关规定处理。

4. 加强殡葬管理，推行火葬，禁止乱埋乱葬。改革丧葬陋俗，树立文明新风。

5. 严禁参与黄、赌、毒及“六合彩”的行为，对开摊聚赌或吸贩毒者，要及时扭送派出所（上级有关部门）依法处理。

6. 土地属国家、集体所有。要遵守《土地管理法》，合理利用土地，切实保护耕地面积，严禁乱搭乱建。

7. 盗窃、损坏农作物和集体公共设施者，要加倍赔偿，情节严重的扭送派出所依法惩处。

8. 认真调处民事纠纷，肇事双方需明确向村调解会提出调处申请，并接受村调解会的调解意见。

9. 妨碍、干预执勤人员执行公务，对执勤人员和检举揭发坏人坏事的人员进行打击报复，无理取闹，辱骂或诬告陷害的，要给予从严处理，情节严重的追究其法律责任。

10. 要尊老敬贤，不准虐待老人，不准溺弃婴儿，子女不履行赡养义务的或父母不履行抚养义务的，要给予批评教育，责令或由村采取必要措施强制其履行义务，情节严重的追究其法律责任。

11. 开展创建文明家庭活动，要做到尊老爱幼，家庭和睦，团结左邻右舍，互谅互让，互相帮助，促进全村的安定团结。

12. 不准利用封建迷信、宗教活动破坏国家政策和党政工作，对造谣惑众，诈财害人者从严处理，情节严重者移送司法机关处理。

13. 村民的日常生活垃圾，应按时投放在垃圾箱内，不得乱丢乱放，确保村容村貌卫生整洁。

14. 全体村民及在本村内务农、务工、经商的外来人员都必须遵守本村规民约，村干部以身作则，带头认真执行本村规民约，虚心接受村民的监督。

云浮市

云城区思劳镇城村村

【乡村概况】

城村村是云城区思劳镇城村村委会下辖的一条自然村，总人口 170 户 680 多人，是云浮市远近闻名的水果专业村、贡柑之乡。2015 年，城村村农民年人均纯收入 12,253 元，村集体收入达到 110 多万元。城村村于 2011 年被评为“云浮市文明村”“广东省名村”“广东省卫生村”，2012 年被评为“广东省宜居示范村庄”。

【乡规民约】

城村民主议事制度

一、召开村民代表会议，应当有本村三分之二以上的村民代表参加，所作的决定应当经本村过半数村民代表通过。村民代表会议表决事项时应采用无记名投票方式进行。

二、村民代表会议可以决定如下事项：

（一）决定村民小组成员的补贴标准，决定其他村务管理人员及补贴标准。

（二）听取、审查和批准村民小组的工作报告、财务收支计划和执行情况报告；审议决定本村建设规划、经济和社会发展规划及年度计划，以及有关公共事务、公益事业的其他重大事项。

（三）审议决定本村集体经济项目的立项、承包方案及村公益事业的建设承包方案，决定村集体经济收益的使用。

（四）审议决定“一事一议”事项。

（五）审议决定征用集体所有土地各项补偿费的使用和宅基地分配、计划生育指标安排的方案。

（六）决定对村级财务和村民小组主要负责人任期经济责任进行审计，评议村民小组成员和其他村务管理人员的工作。

三、村民代表会议每季召开一次，特殊情况或有三分之一以上村民代表提议，可临时召开村民代表会议。

四、村民代表会议的表决和评议结果应当在村务公开栏上进行公布。

五、村民小组或会议召集组应在召开村民代表会议前三天确定会议的议题。

六、会议召集组应根据会议议题做好会场布置、准备会前文件资料、下发会议通知等工作。

会议召集组应提前两天下发会议通知，通知的内容应包括会议的时间、地点和议题。会议通知必须通知到村民代表本人，使之有足够的时间就会议议题征求村民的意见，准备会议发言。

七、建立会议签到制度，每次会议必须统计参会的实到人数、缺席人数和列席人数。

八、村民代表要对会议议题进行讨论和审议，会议主持人要充分发扬民主，让每一位代表充分发表意见，畅所欲言。如村民代表人数较多，可分组讨论审议。

山明水秀的城村

九、经村民代表对议题进行充分的讨论审议后，对需要作出决定的议题进行无记名投票表决。

十、村民小组或会议召集组要安排专人做好会议记录，会议记录要用专门的会议记录本。

十一、每次村民代表会议后，应对会议的资料进行整理和归档，并妥善保管。

十二、本制度自 2011 年 1 月 1 日起试行。

【文明风尚】

改革开放以来，城村村按照自我管理、自我教育、自我服务的要求，摸着石头过河，从简单到具体，从粗糙到详细，积极探索村民自治的有效方式和方法，在实践中不断健全完善村务管理的 12 项规章制度，涉及财务、治安、环卫、农田用水等方方面面。

在制定制度的过程中，城村村历届班子注意结合本村的实际，充分征求村民的意见，吸收群众提出的可行性建议，并坚持通过召开村民代表会议讨论，才出台新的制度。这些制度在规范村务管理、促进经济发展和社会稳定方面起到了重要的作用，为城村村展翅高飞夯实了基础，集体经济不断发展壮大，社会管理成效显著。

云安区富林镇马塘村委会大坪一村

【乡村概况】

马塘村委会大坪一村位于云安区富林镇西南部，总面积约 6 万平方米。全村共有 52 户，总人口 386 人。

近年来，大坪一村积极响应上级党委政府号召，大力推进生态文明村建设，通过村民筹资筹劳、争取上级有关部门支持等途径，积极筹措建设资金，共投入资金 200 多万元，建成了 1 个露天亲水公园，1 间村文化室，2.5 公里的环村水泥路，并配套安装了照明路灯。此外，该村还请规划部门对村庄进行重新规划，召开村民代表大会，发动外出乡贤、村民筹集到 143.7 万元作为生态文明村建设的启动资金，以集约用地、集资建设的形式，规划建设 3 幢建筑面积达 9200 平方米共 54 套的高层电梯农民公寓、1.2 公里长的水泥硬底化环村道、1 个休闲人工小湖、1 个综合文体广场、7 亩多的蔬菜基地、60 多亩的经济林和园林花卉苗木基地等。

【乡规民约】

马塘大坪一村在创建生态文明示范村中尤其重视乡规民约等制度建设，共制定了《大坪一村农民专业合作社章程》《大坪一村乡贤理事会章程》《大坪一村村规民约》《大坪一村村民小组卫生公约》《大坪一村乡贤理事会管理制度》等一批乡规民约文件，有力促进了生态文明村创建规范化和制度化。

【文明风尚】

大坪一村在推进生态文明村硬件建设的同时，还结合前期开展的信用村、户创评工作，积极主动宣传和倡导讲信用、守信用的社会风尚，大力提高村民信用意识，优化村内信用环境。同时根据村民住房改造建设资金的需求，计划与县农信社签订信用建房金融合作方案，由区农信社给予该村单户住房信用贷款不超过 5 万元，最高 250 万元的综合授信支持建设农

休闲村道干净整洁

民公寓。

大坪一村还注重发展公益事业，成立了老人基金会，为村中60岁以上的老人发放每人每月不低于60元的津贴；帮扶村民创业，为本村有志创业青年提供创业资金；组建治安巡防队，维护村中治安，协助调处矛盾纠纷；配备应急专用车开展便民服务，用于处理村中各类突发事件和服务村中老人和小孩等。

云安区石城镇江尾村

【乡村概况】

江尾村是云安区石城镇留洞村委会管辖下的自然村，位于云雾山下、留洞河边。如今的江尾村，小洋楼林立，绿树掩映，一派祥和。江尾村前的留洞河，建起了防护堤，河堤和村道间还建起绿化带，种上了桂花、九里香、人参树等绿化苗木。

江尾村全村 118 户 628 人，70% 的成年村民外出经商，多数家庭生活殷实。江尾村人致富不忘家乡建设，在江尾村生态文明村各项建设中，不但在建设资金上慷慨解囊，很多村民还自愿捐出自己的田地，甚至宅基地建设村道等公共设施。每年农历三月初三，村民们还会在村后的小山上植树，彼此约法三章，谁都不可以乱砍滥伐山上的树木，大家都有保护这片山林的责任和义务。现在，小山已经郁郁苍苍，一片生机，预示着江尾村欣欣向荣的发展前景。

江尾村宽敞的村道和崭新的小洋楼

江尾村还加强对村庄卫生和治安管理，制订了科学严谨的村规民约、卫生公约等制度，规范村民日常的行为举止。如今村容村貌明显改观，村风也日益淳朴敦厚，和睦相处、互助成风。

【乡规民约】

为提高村民自治能力，进一步推进“富庶、宜居、和谐、文化”的江尾名村建设，根据国家有关法律法规规定，特制定本村规民约。

第一条　不准违法生育。

第二条　不准违规上访。

第三条　不准乱丢垃圾、乱放禽畜、乱搭乱建、乱砍滥伐。

第四条　不准损坏公共设施、损坏村庄绿化。

第五条　不准粗言秽语、打架斗殴、酗酒滋事。

第六条　不准参与“黄、赌、毒”等违法活动。

第七条　不准搞封建迷信活动和非法宗族活动。

第八条　不准让学龄青少年、儿童辍学。

第九条　不准虐待老人、儿童。

第十条　不准失信于人、失信于事。

第十一条　违反本村规民约的，除触犯法律法规由有关部门依法处理外，村民理事会可作出以下处理：

1. 予以批评教育、张榜通报；

2. 责令恢复原状或作价赔偿；

3. 本年度不能评为文明户。

第十二条　本村规民约由村民会议授权村民理事会组织实施。

第十三条　本村规民约有与国家法律、法规、政策相抵触的，按国家规定执行。

第十四条　本村规民约经村民会议讨论通过，于二〇一一年五月二十一日开始实施执行，

第十五条　本村规民约由村民理事会负责解释，未尽事项由村民会议另行讨论决定。

江尾村民小组村民理事会

二〇一一年五月二十日

【文明风尚】

江尾村民小组积极邀请村里的长者乡贤、热心村务的村民参与到制定《江尾村村规民约》的讨论中，充分利用发挥他们的外乡经历经验和人生感悟积淀，在数次的争论、调整、完善后，大家一致认为新的村规民约要摒弃教条化、说教化，要以通俗易懂的文字进行描述。在修订村规民约的过程中，石城镇文化站从继承和弘扬中华民族传统美德的高度提出了修改意见。村民小组搜集总结反馈意见，采纳合理化建议，形成初步方案。最后，召开全体党员和村民代表大会，举手表决通过后形成新的村规民约，形成了独具江尾特色的村规民约，并立即生效实施。

修订后的村规民约，焕发出新的生机活力。新制定的村规民约，已开始从强制转为引导、从行为规范转为意识培育，真正发挥了道德教化、行为规范的约束力，成为当今乡村文明的一种新形态。